一汁一菜でよいという提案

土井善晴著

新潮社版

11523

いちばん大切なのは、
一生懸命、生活すること。
一生懸命したことは、いちばん純粋なことであり、
純粋であることは、もっとも美しく、尊いことです。

一汁一菜でよいという提案　目次

今、なぜ一汁一菜か

食は日常　14
食べ飽きないもの　18

暮らしの寸法

自分の身体を信じる　24
簡単なことを丁寧に　28
贅と慎ましさのバランス　32
慎ましい暮らしは大事の備え　37

毎日の食事

料理することの意味　42
台所が作る安心　47
良く食べることは、良く生きること　51

一汁一菜の実践

食事の型「一汁一菜」 58
日本人の主食・ご飯 60
おいしいご飯の炊き方の原則と要領
具だくさんの味噌汁 65
手早く作る一人分の味噌汁
味噌について
すぐにできる味噌汁
その季節にしか食べられない味噌汁
一汁一菜の応用 85
一汁一菜はスタイルである 88

作る人と食べる人

プロの料理と家庭料理　考　97
家庭料理はおいしくなくてもいい　101
作る人と食べる人の関係「レストラン（外食）」　105
作る人と食べる人の関係「家庭料理」　109
基準を持つこと　113

おいしさの原点

和食の感性　考えるよりも、感じること　120
縄文人の料理　132
清潔であること　138

和食を初期化する

心を育てる時間　144

日本人の美意識　148
食の変化　151
何を食べるべきか、何が食べられるか、何を食べたいか　157
和食の型を取り戻す　160

一汁一菜からはじまる楽しみ

毎日の楽しみ　168
お茶碗を選ぶ楽しみ、使う楽しみ　170
気づいてもらう楽しみ、察する楽しみ　173
お膳を使う楽しみ　178
お酒の楽しみ、おかずの楽しみ　季節（旬）を楽しむ　181
日本の食文化を楽しむ、美の楽しみ　191

きれいに生きる日本人
——結びに代えて　198
一汁一菜の未来
——文庫化にあたって　213
解説　養老孟司

一汁一菜でよいという提案

土井善晴

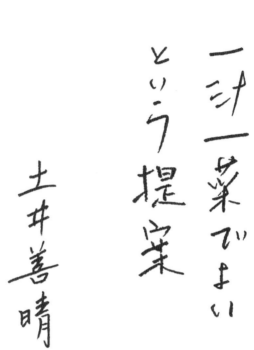

今、なぜ一汁一菜か

食は日常

この本は、お料理を作るのがたいへんと感じている人に読んでほしいのです。

毎日の献立を考えるのがたいへんだという人が多いと聞きます。遅くまで仕事をしていると、家に帰ってからお料理をする気にもなれない。外のことを優先して、大切にすべき自分のことは後回しにしてしまう、ついおろそかにしてしまう。結婚してちゃんとしようと思っても、仕事をしていると食事の支度が負担になる。一人暮らしでは面倒だ。子どもたちが大きくなって手が離れるとお料理するモチベーションがなくなる、といろいろな声が聞こえてきます。今、お料理をしない、できないという理由はいくらでもあるのです。

だからといって、毎日外食では経済的にも、栄養的にもバランスを崩してしまいます。体調を整えるためにサプリメントを飲んでも、これでいいとは思えない。なんとなく後ろめたさが残ります。人間が人間のために作った社会で頑張って仕事をしているのに、ストレスになってうまくいかないし、心のバランスが取れなくなる。その理由は本当にたくさんあるのですが、周りの人たちもみんな同じだからこんなもんだと言い聞かせても、気持ちが晴れるわけではありません。多くの人が自分の暮らしに自信が持てずに、自分の未来に不安を感じるし、まだ大丈夫と思いつつも、気持ちがゆらゆらして満足しないのです。

だれもが心身ともに健康でありたいと思います。一人の力では大きなことはできませんが、少なくとも自分を守るというのが、「一汁一菜でよいという提案」です。うまくいけば家族、健康、美しい暮らし、心の充実、実現するべき仕事を支える「要《かなめ》」になるかもしれません。人間は食事によって生き、自然や社会、他の人々とつながってきたのです。食事はすべてのはじまり。生きることと料理することはセットです。

離れて暮らしている子どもが、「食事のことはちゃんとしてるよ」と自分で気をつけてやっていることがわかれば、それだけで親は安心できるものです。それだけで親孝行だと思います。また、年老いた親が毎日食事を作って、台所を掃除して、相変わらずきれい好きでまめにやっているとわかれば、子どもは嬉《うれ》しいし励みになるのです。

暮らしにおいて大切なことは、自分自身の心の置き場、心地よい場所に帰ってくる生活のリズムを作ることだと思います。その柱となるのが食事です。一日、一日、必ず自分がコントロールしているところへ帰ってくることです。

それには一汁一菜です。一汁一菜とは、ご飯を中心とした汁と菜（おかず）。その原点を「ご飯、味噌汁《みそしる》、漬物」とする食事の型です。

ご飯は日本人の主食です。汁は、伝統的な日本の発酵食品の味噌を溶いた味噌汁。その具には、身近な野菜や油揚げ、豆腐などをたくさん入れられます。それに漬物。野菜の保存のために塩をして、発酵しておいしくなったのが漬物で、それは、いつもある作り置きおかずです。

一汁一菜とは、ただの「和食献立のすすめ」ではありません。一汁一菜という「システム」であり、「思想」であり、「美学」であり、日本人としての「生き方」だと思います。

一汁一菜とは「ご飯、味噌汁、漬物」を原点とする食事の型。
ご飯と味噌汁だけでも充分です。塩気が必要なら漬物の代わりに
ご飯に味噌を添えて下さい。

食べ飽きないもの

これなら、どんなに忙しくても作れるでしょう。ご飯を炊《た》いて、菜（おかず）も兼ねるような具だくさんの味噌汁を作ればよいのです。自分で料理するのです。そこには男女の区別はありません。料理することに意味があるのです。

毎日三食、ずっと食べ続けたとしても、元気で健康でいられる伝統的な和食の型が一汁一菜です。毎日、毎食、一汁一菜でやろうと決めて下さい。考えることはいらないのです。これは、献立以前のことです。準備に十分も掛かりません。五分も掛けなくとも作れる汁もあります。歯を磨いたり、お風呂《ふろ》に入ったり、洗濯をしたり、部屋を掃除するのと同じ、食事を毎日繰り返す日常の仕事の一つにするのです。

「それでいいの？」とおそらく皆さんは疑われるでしょうが、それでいいのです。私たちは、ずっとこうした食事をしてきたのです。

ご飯と味噌汁のすごいところは、毎日食べても食べ飽きないことです。

毎日食べても飽きない食べ物というのは、どういうものでしょうか。どんなにおいしいお料理も、繰り返し、毎日食べたいとは思わないものです。ところが、ご飯に味噌汁、漬物は毎日食べても食べ飽きることはありません。食べ飽きるものと食べ飽きないものの違いはどこにあるのでしょう。

だいたい人工的なものというのは、食べてすぐにおいしいと感じるほどに味がつけられています。そういった、人間が味つけをしたおかずというのは、またすぐに違う味つけのものを食べたくなります。

一方、食べ飽きないご飯とお味噌汁、漬物は、どれも人間が意図してつけた味ではありません。ご飯は、米を研いで、水加減して炊いただけ。日本で古くから作られてきた味噌は微生物が作り出したもので、人間の技術で合成したおいしさとは別物です。人間業《わざ》ではないのです。

味噌や漬物が入ったカメの中には微生物が共存する生態系が生まれて、小さな大自然ができています。味噌や漬物という自然物は、人間の中にある自然、もしくは、自然の中に生かされる人間とであれば、無理なくつながることができるのです。

私たちは、自然の景色を見て美しいと感じ、それは何度見ても見飽きることはありません。そのダイナミックな変化に感動することもあるでしょう。自然は自然とよくなじむ、このことを心地よいと感じます。その心地よさに従って、命を育《はぐく》んできたの

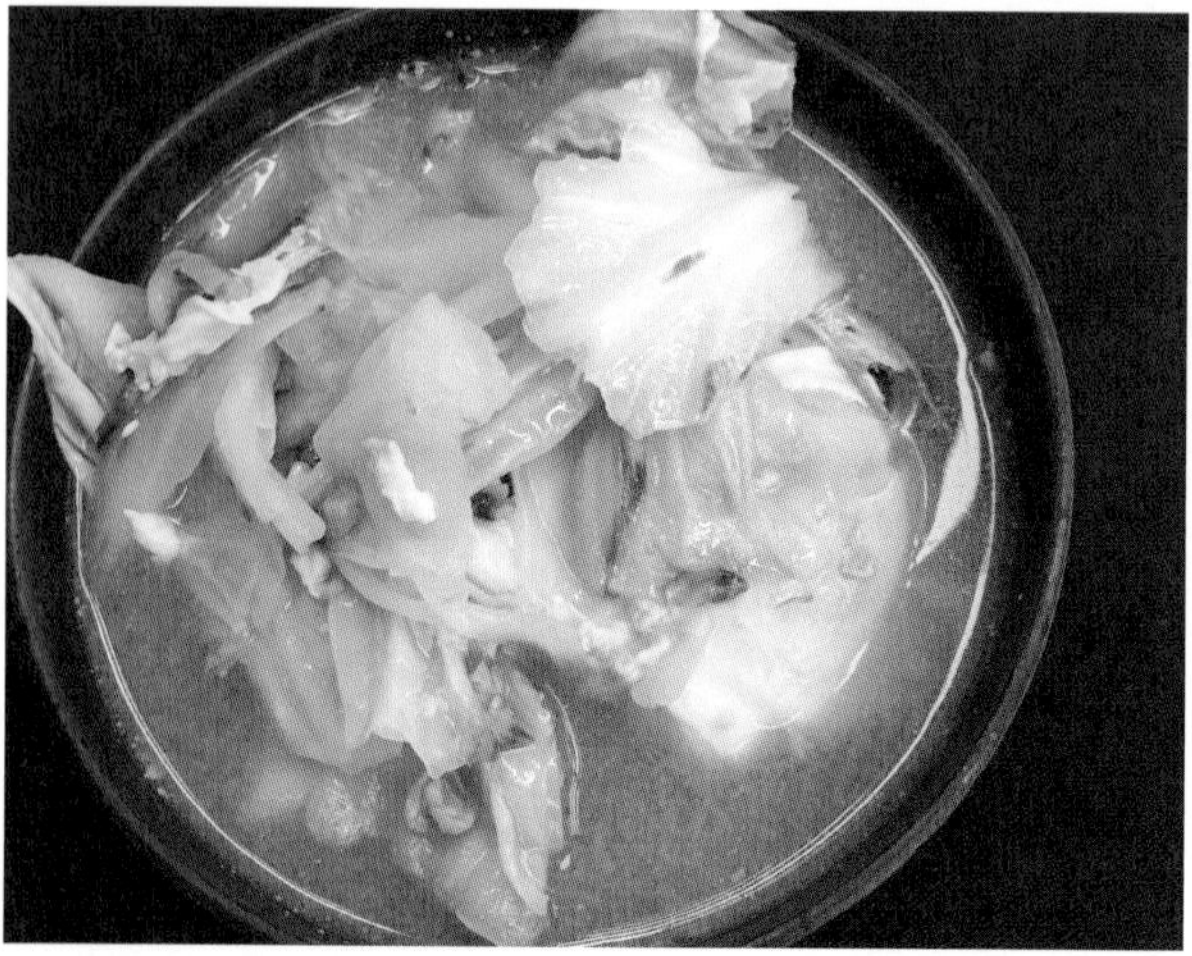

です。

特定の風土によって育まれた民族の知恵である食文化とはそういうものです。それは百年や二百年という短い時間でできたものではありません。千年、いやそれ以上、人間の歴史と同じだけの長い時間を掛けて少しずつ経験して蓄積してきたものです。

ナマコやタコなど、見た目のよくないものを初めて食べた人は偉かったとよく言われますが、だからといって人間がありとあらゆるものを口にしてチャレンジし、失敗を繰り返すことによって食文化を作り上げたとは考えにくいのです。他の生き物がそうであるように、人間も、体内で吸収できる栄養素となるものを、食べる前から知っていたように思うのです。少なくとも、現代の私たちが想像もできないほどの能力があったことは間違いありません。アク抜きなどの複雑な工程を含む調理も、だれからも教わることなくおこなっていた。生き残るために、人間は察知する能力を持っていたことでしょう。そして、ゆっくりと長い時間を掛けて食べられるものを増やしてきた。微生物が環境に適応するための合理性が、結果として美しい文様を作るように、小さな秩序が積み重ねられて、民族の見事な食文化ができたのです。

人間の能力の一つとして発達してきたものが、それぞれの風土の中で民族の知恵となりました。ですから、食材に触れて料理すると、意識せずともその背景にある自然と直接的につながっていることになるのです。そのように思って下さい。

日本人は昔と変わらず、自然に対する感性を持ち続けているように思います。日本の気候や地殻変動はヨーロッパやアジアの各国などと比較しても尋常ではありません。四季の移ろいに加えて日々の細やかな気候の変化に対応し、常に複雑な自然と交流しているのです。想像してみて下さい。一年中、変化のない温・寒の気候風土で暮らす民族とは違うでしょう。私たちは、衣食住のすべてにおいて、常に変化する気候に対応を迫られ、生きる力を磨いてきたのです。
人間の作為的な知恵や力まかせでは実現できなかったのが日本の食文化です。土産《どさん》土法《どほう》、その土地の食材をその土地に伝わる方法で調理する。風土に育まれた食文化を信じることだと思います。そして、食べることは人に任せず自分でする、ということを優先するのです。

料理研究家として、日本の伝統的な食の知恵に驚き、その知恵を知れば知るほど、日本人の感性の豊かさに驚き、現代社会に家庭料理の変化を感じ、未来のことを考えるうちに一汁一菜でよいという考えに至りました。「一汁一菜でよいという提案」こそが、日本の家庭料理の最善の道と考えるようになったのです。

暮らしの寸法

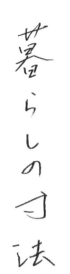

自分の身体を信じる

ご飯や味噌汁《みそしる》をおいしいと感じて受け入れるのは、私たちの「身体《からだ》」です。ご飯を食べ、味噌汁を飲んでいるとき、おいしさ以上の何か、心地よさを感じていると思うのです。それは、安心感でしょうか、癒《いや》しでしょうか。感じ方はいろいろですが、少し幸せな気持ちになれるものです。

お肉の脂身《あぶらみ》やマグロのトロは、一口食べるなり反射的においしい！　と感じますが、それは舌先と直結した「脳」が喜んでいるのだと思います。そのように脳が喜ぶおいしさと、身体全体が喜ぶおいしさは別だと思うのです。

身体は鈍感、ということでもないですが、すぐにはわからず、食べ終わってから感じる心地よさのような感覚、身体がきれいになったような気がする……というあれです。一つ一つの細胞が喜んでいるのです。それを、身体の心地よさで伝えてくれているのです。一方で、その穏やかなやさしさに、脳は気づかないことが多い。どうも脳というのは、身体と反対の方向を向いていることがあるように思います。この頃は「脳に騙《だま》されるな」、あまり脳を信じてはいけないと思っています。

ご飯や味噌汁、切り干しやひじきのような、身体に良いと言われる日常の食べ物にはインパクトがないので、テレビのグルメ番組などに登場することもないでしょう。もし、切り干しやひじきを食べて「おいしいっ！」と驚いていたら、わざとらしいと疑います。そんなびっくりするような切り干しはないからです。若い人が「普通においしい」という言葉使いをするのを聞いたことがありますが、それは正しいと思います。普通のおいしさとは暮らしの安心につながる静かな味です。切り干しのおいしさは、「普通においしい」のです。

お料理した人にとって、「おいしいね」と言ってもらうことは喜びでしょう。でもその「おいしい」にもいろいろあるということです。家庭

日常に食べるのは「普通においしい」もの。
それは、安心につながるものです。

にあるべきおいしいものは、穏やかで、地味なもの。よく母親が自分の作る料理について「家族は何も言ってくれない」と言いますが、それはすでに普通においしいと言っていることなのです。なんの違和感もない、安心している姿だと思います。

そのように考えると、私たちがものを食べる理由は、おいしいばかりが目的ではないことがわかります。メディアでは「おいしい」「オイシイ!!」と盛んに言われていますが、繰り返し聞かされている「おいしいもの」は、実は食べなくてもよいものも多いのです。メディアから発信される刺激的で新しいものには、よくわからないものもあります。そうした流行《はや》りはすぐに廃《すた》れ、次々変化していきます。情報的なおいしさと、普遍的なおいしさとは区別するべきものです。全く別物であると理解して、食を選ぶのです。

「腹が減っては戦ができない」と昔の人は言いましたが、エネルギーが無くなると身体が動かなくなります。人間は、命をつくるために料理し、元気をつけるために食べ物を食べるのです。苦い青汁を我慢して飲んでいる人を見掛けますが、それもおいしさよりも健康を求めて飲んでいるのでしょう。人間の「食べる」は、表層的なおいしさだけを求めているのではない。無意識の身体はそれをすでに知っており、穏やかな心地よさとしてゆっくりと脳へメッセージを伝えています。

一汁一菜のような身体が求めるお料理は、作り手の都合でおいしくならないことがあります。おいしい・おいしくないも、そのとき次第でよいのです。そう思って下さい。必要以上に味を気にして、喜んだり、悲しんだりしなくてもいい。どうでもよいというのではありませんが、どちらもありますから自分自身でその変化を感じていればよいのです。

イチロー選手（2019年引退）など世界で活躍する一流のベースボール選手は、ヒットを打っても打てなくても、一喜一憂することはありません。日常は常に冷静でいることが望ましい。だから、次の打席で繰り返しヒットが打てる。彼は、日常を高めるという、総合的な質を大事に考えられているのだと思います。それによって、ヒットを打つ確率の向上や偶然を取り込む直感力を意識的に磨いているのでしょう。

「慎ましい暮らしは大事の備え」と言われます。仕事に集中するときに、一汁一菜を試みて下さい。きっとはかどると思います。

簡単なことを丁寧に

食事を一汁一菜にすることで、食事作りにストレスはなくなります。それだけで精神的にも随分とらくになるはずですが、その上で、自由にのびのびできる余暇という時間を作ることです。それによって楽しみができて、心に余裕が生まれてきます。

こういった考えは、家事をらくしようとしてできたものではありません。一汁一菜は決して手抜きではないのです。手抜きしたなんて思うと、自分がいちばんいやな気持ちになるものでしょう。なによりも自分の気持ちに納得できることが大事ですから、そのためにも一汁一菜をよく理解していただきたいのです。

「料理はやっぱり〝ひと手間〟ですよね」とはよく聞かれる言葉ですが、それは労力を褒めているのであって、必ずしもおいしさにつながるものではありません。そんな言い方をするのは、一般的に手を掛けることが愛情を掛ける、思いを込めることにつながると思っているからです。しかし、日常の料理では手を掛ける必要はありません。家庭料理は手を掛けないもの。それがおいしさにつながるのです（和食は「手を掛けるもの、手を掛けないもの」という二面性を持ちますが、それは次で説明します）。

素材を生かすには、シンプルに料理することがいちばんです。ところがこの頃は先述のように、手を掛けなくてはいけない、手を掛けたものこそが料理だと思っている人が多い。ＳＮＳの投稿などを見ていると、一汁一菜をお膳《ぜん》に正しく並べた画像に「今日は手抜きしちゃった」と言葉を添えてつぶやいています。和食は簡単、普段はもう少し手を掛けていると、少し自慢もしているのでしょうか。そんなつもりはなくても、手の掛からない、単純なものを下に見る風潮がお料理する人自身のハードルを上げ、苦しめることになっているのです。

そのプレッシャーをまともに受け取った忙しい人たちは、加工食品を使って、別の食材と混ぜ合わせるとか、できあがったものにトッピングしたりして、複雑にすることでなんとかできると思うようになり、それがまた「手を掛けること＝お料理すること」という誤解を助長させています。けれども、私にはそちらのほうが手抜き料理に見えます。

食材同士を組み合わせて別の味を作ることや、いろいろな香辛料や調味料で味を重ねて美味を作るという考え方は、そもそも日本的な考え方ではありません。それは西洋の考え方です。日本には今、様々な哲学や思想の切れ端のような言葉が生活の中に都合よく紛れ込んでいます。

かつてサッカーの日本代表監督を務めたザッケローニ氏が、退任後に長年付き添った通訳の方とラジオに出られていました。彼は日本でわさびの味を覚えて、とても好きになったと言います。それも辛味の強いチューブのわさびがよいという。トークは楽しく盛り上がったのですが、アナウンサーの男性が「面倒くさいわさびはダメなんだ。やっぱりチューブですよね」と、何かに迎合するようなコメントをしました。本物を「面倒なもの」と規定して（決めつけて）、否定する文化破壊……と目くじらをたてるつもりはありませんが、こうした何でもない日常の一言に影響を受けてしまう人が多いのです。

基本的な基準や考えをしっかり持つことで、正しい判断ができるようになります。和食の背景には「自然」があり、西洋の食の背景には「人間の哲学」があります。両者は全く違う人間を作ります。日本人ならば、日本語を話すように、日本らしくお料理するのが基本です。そこに合理性があります。現代の私たちは、それぞれの背景にあるものを認識した上で、日本の食文化と外国の食文化の両方を楽しむことができればよいと思います。

変化を拒むのではありませんが、思いつきの仕事から食文化は生まれません。今、和食は絶滅危惧種《きぐしゅ》だと言われているように、日本の家庭料理は失われる傾向にあります。食文化は日本人の心を作るもので、それはアイデンティティとなり、自信や信頼を生みます。文化は大切にするべきもので、変化には慎重であるべきでしょう。和食として寿司《すし》や懐石が残ったとしても、家庭料理を失った食文化は、薄っぺらいものです。家庭料理は人間の力です。

話を戻して、お料理のひと手間の話です。

調理の基本である下ごしらえを手間とは言いません。泥を落とさずに生のまま大根をかじることはできませんから、泥を洗い、食べやすく切って、火を入れる。この基本的な流れにあるものは手間ではありません。当たり前の調理です。

家庭料理、日常の料理は、こうした当たり前の調理以上にはそもそも手を掛ける必要はない、というのが本当です。手を掛けることは手数を増やすことでもあって、食材に触れれば必ずその分だけ傷《いた》み、鮮度が落ちます。ですから、見た目を良くしようと意識して手数を増やせば、素材はまずくなります。それは、場違いなひと手間です。毎日の料理は食材に手を掛けないで、素材をそのままいただけばよいのです。

贅と慎ましさのバランス

日本には、「ハレ」と「ケ」という概念があります。ハレは特別な状態、祭り事。ケは日常です。日常の家庭料理は、いわばケの食事なのです。手間を掛けないでよいそのケの料理に対して、ハレにはハレの料理があります。そもそも、両者の違いは「人間のために作る料理」と「神様のために作るお料理」という区別です。それは考え方も作り方も正反対になるものです。

ハレの祭り事とは、神様にお祈りして願い、感謝することです。神様に自然の恵みを頂戴《ちょうだい》してお礼するために、神様が食べるお料理を作るのです。神様が食べるようなお料理は、ケの食事のように素材を生かすというよりも、人間が知恵を絞って様々に工夫して時間を惜しみます、手間を惜しみます、彩《いろど》り良く美しく作ります。そうして人間が神様のために作ったお料理を神様にお供えした後でいただき、家族も一緒に食べて楽しむ日とするのです。神様と一緒に食べることを「神人共食《しんじんきょうしょく》」と言います。

手間を惜しまず、手を掛けて、願いを込めることが尊いのです。ハレのお料理に、手抜きや時短はありません。だから「時短おせち」などは絶対にないのです。それは

特別な日のハレの料理（上）と日常のケの料理（下）は異なるもの。
日本人はこの二つの価値観を持ちながら、けじめをつけ、
場によって使い分けてきました。

ただお正月に食べましょうというだけで、日本人の心を宿すものではありません。

お祭りの日のバラ寿司は、たくさんの食材を重ね混ぜ合わせて、だし汁や調味料を贅沢に使って味つけます。それを華やかな特別の日の器に盛り込んで、御酒を振る舞います。先ほど、和食では素材に手を掛ければまずくなると言いましたが、手の掛かったハレの日のお料理はまずいのかというと、決してそんなことはありません。とびきりおいしいものです。なぜなら長い歴史の中で生まれたハレの日のお料理は、時間を掛けて、手間を掛けて作っても、また、様々な具材を混ぜ合わせても、まずくならないような工夫がちゃんと備わっているからです。それは、衛生管理という現代の知恵と重なるものでもあります。酢を使ったり、砂糖を使ったり。煮汁を切って一つずつ別々に煮たり、手早く冷ますといった、和食ならではの知恵がそれです。一つ一つの作業にけじめをつけておこなう慣わしを持つ民族だから、海から遠く離れた山の中でも、安心して刺身が食べられるのです。

このように、日本には少なくとも、手を掛けるもの、手を掛けないものという二つの価値観があるのです。この一見相反する二つの価値観を並存させ、けじめをつけて区別し、場によって使い分けるところには、それぞれの合理性があります。ところが、今の日本は、その二つがごちゃごちゃになって混乱しているのです。そのことは、書家にしてたいへんな識者であられる石川九楊《きゅうよう》氏が『二重言語国家・日本』(日本放送出版協会)など多くの著作にも記されており、日本の料理文化も同じだと感じています。多くの人が、ハレの価値観をケの食卓に持ち込み、お料理とは、テレビの料理番組で紹介されるような手のこんだものでなければいけないと思い込んで、毎日の献立に悩んでいるのです。

庶民が手の掛かるご馳走《ちそう》を喜ぶのは、高価なものへの憧《あこが》れです。世間体を重んじる日本では、だれもが最低でも他人と同等のものを手に入れたいと望みます。ときに分不相応でもある憧れは、場違いな場面に現れて、ハレとケを混同します。現代の私たちの生活は、まるでお公家《くげ》様と庶民が一緒に暮らすようなアンバランスさを持っているのです。手の掛かった暮らしに憧れ、高価なものが良いと信じて、一方で当たり前にやるべきことを嫌う。そこに矛盾と無理が起こってきます。

大阪人はケチだとよく言われてきましたが、実は大阪の船場や堺《さかい》の旦那衆《だんなしゅう》というのは、とても贅沢な遊び人でした。小唄《こうた》、茶道、食い倒れと言われる大阪の食、これらすべてが商売のための情報交換の手立てとなったため、高価な道具を集めて贅を尽くして、持ち前の面白みと社交性を以《もっ》て楽しみながら、自らを高めていました。そういった旦那衆が、日常的に贅沢をしていてはかっこ悪い。だからあくまでケチに徹する。ときにえげつないと言われても、自らを落とす笑いにして楽しんだのです。いわばここに、贅と慎ましさのバランスがあります。焼け野原となった戦争で失われるまでの旦那衆のハレとケの上手なこなし方というのは、まことに見事です。良いものに触れ、目を肥やし、日本の文化を支えていたのです。

地に足のついた慎ましい生活と贅沢が均衡するところに、日本人の幸せはあるように思います。

慎ましい暮らしは大事の備え

人間の「生活」とは、生きるための活動ですから、そこには外での仕事も含まれます。家の中の務めは「暮らし」のことです。昔は、外の仕事も家の仕事もあまり区別なく、同じように向き合い、つながっていたように思いますが、今では外の仕事のほうが重要視されるようになって、暮らしがおろそかになっている。でも、幸せは家の中、暮らしの中にあるものと思います。

淡々と暮らす。暮らしとは、毎日同じことの繰り返しです。毎日同じ繰り返しだからこそ、気づくことがたくさんあるのです。その気づきはまた喜びともなり得ます。

毎日庭を掃いていると、掃いている人にしかわからないことがたくさんあることを知るでしょう。たった一つの石ころとでも友だちになれるのです。もとからそこにあったものか、あるとき他から紛れ込んだものかを知っているのです。

知らない植物が芽を出していることもあります。春になれば、庭木の芽も膨らむ。緑が日々鮮やかになり、季節の移ろいを細やかに感じるのです。雑草も伸びるし、そこにお気に入りが見つかるかもしれません。

しゃがみこんで、庭木の根元を丁寧に掃除して、一枚の葉も残さず掃き清め、水を打ち終わると、黒い土に庭木が際立《きわだ》って浮かび上がり、はっとするほど美しいのです。自分の心まで清々《すがすが》しい気持ちになるのがわかります。植物が喜んでいるように感じられるのです。植物を育てているということもありますが、逆に私を見てくれているようにも思えるのです。これは、大事が起こる前の小さな気配を見逃さないということにつながります。昔の人は油断大敵とも言いましたが、それは自らを守る力になることでしょう。

掃除を終えて、またすぐに木の葉が落ちることがあります。まるで何かの風刺漫画のようですが、掃除する前の庭に戻ってしまったのではなく、掃き清めた新しい庭に、新しい木の葉が落ちたのです。そこにまた、新しい庭が現れているのです。

初めて見る庭は美しい。いつも動いていることが美しい。流れる水は腐りません。それが心地よく感じられるのは、滞らぬ時間という自然の姿だからです。伊勢《いせ》神宮が二十年ごとに建て替え改めることも同じ、新しくなることが永遠につながります。

新しくなる効果に着目すれば、外の仕事も、常に新しくなることが大事です。仕事が少し甘くなったとしても、変化を優先したほうがよいと考えています。少しのことは、その新鮮さにカバーされると思います。もし一時的に後退したとしても、リカバリーして、事前以上の実力が繰り返しの中で蓄積されていくものだと思います。毎日、毎食の一汁一菜。同じものを作っているつもりでも、四季の変化とともにおのずから変わっていきます。

日本の気候は総じて温暖で雨が多く、スポンジのような土壌のブナの山が水をたっぷりと蓄え、豊かな栄養分をともなった水を田んぼに溜《た》めて、ゆっくりと流し、肥沃《ひよく》な大地を作り、四季折々に恵みをもたらします。南北に長いこの島国は、亜寒帯から亜熱帯まであらゆる気候帯を含み、更に、絶えず起こる地殻変動によって作られた高低差の大きい複雑な地形は、それぞれの土地に異なる食材と食文化を育みます。

今は全国どこに行っても季節を問わず同じ県産のかたちの揃《そろ》った野菜が流通していますが、地元のものをお使い下さい。収穫量の少ない地元の野菜は、効率が悪い、かたちが揃いにくいという理由から流通に乗らず、大きな市場には出回りません。遠くまで運ばれることなく、その土地の朝市や小売店、軽トラで運ばれてくるような小さなマーケットに並びます。鮮度が良くて、比較的農薬も少なく、健康価値が高い。だから味も良いのです。地産地消を心掛けるだけでも、暮らしは変化します。そこには楽しみをともないます。

毎日の食事

料理することの意味

「毎日の食事をきちんとしたい」と思っている人は大勢います。私もその一人です。それは、私たちが「食べる」ということの大切さを心のどこかで感じ、無意識の身体《からだ》で知っているからでしょう。

私たちは日頃、ご飯を食べることを「食事する」と簡単に言いますが、そもそも「食事」ではありません。「食べる」ことは「食事」という営みの中にあることで、単に食べることだけが「食べる」ことではありません。食べるとなれば、家族のだれかが買い物をして材料を用意する。野菜を洗って下ごしらえをする。ご飯を炊《た》いて、菜を煮て汁を作り、魚を焼いて盛る。そして食卓にその皿を並べるのです。

このように、ものを食べるとなると、必ず一定の行動がともないます。その食べるための行為のすべてを「食事」と言います。生きるためには身体を動かし、立ち上がり、手を働かせ、肉体を使って食べなければならない。ゆえに、「生きることの原点となる食事的行動には、様々な知能や技能を養う学習機能が組み込まれている」のです。それは、人間の根源的な生きる力となるものです。このことを知っている身体は

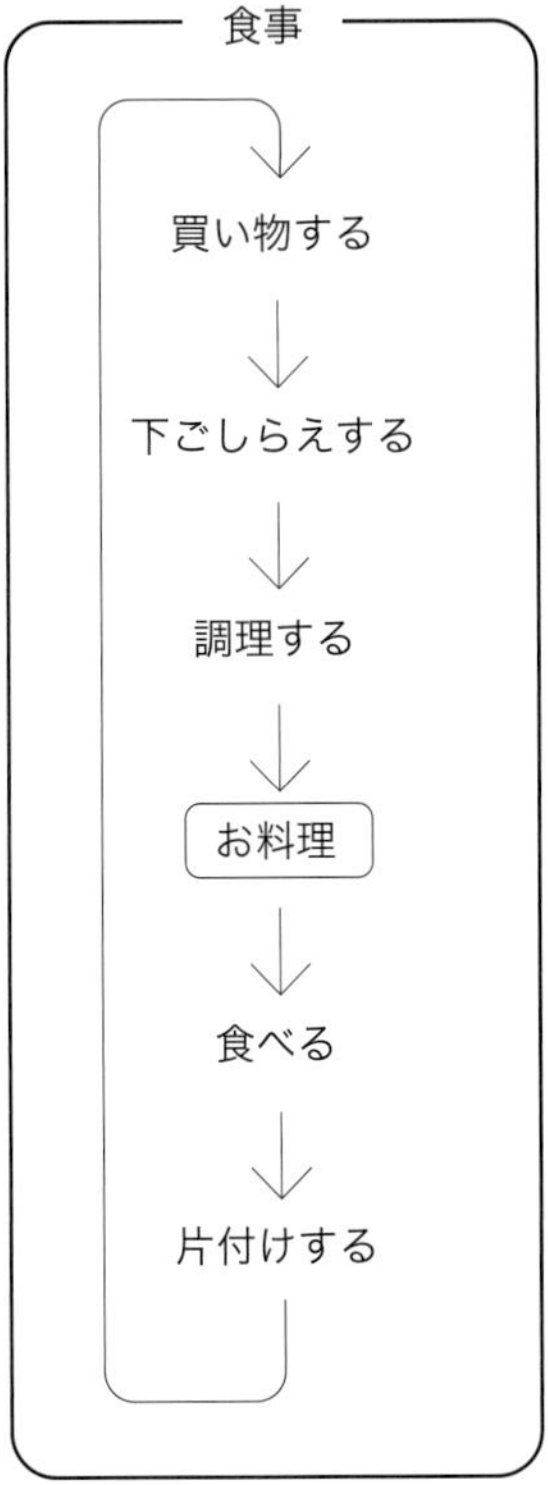

毎日の営みである「食事」には、人間の根源的な生きる力を養う働きがある。

直感的に感じ、「毎日の食事をきちんとしたい」と（自我に）伝えているのだと思います。

食べ終われば、後片付けをして掃除する。ほっと一息ついて、他の用事を済ませてしばらくすれば、また次のご飯の準備がはじまる。また料理して、食べる。そして片付ける。翌朝起きれば、また朝ご飯を作って、食べる。この毎日の繰り返しが「人間の暮らし」であり、その意味は、やがてそれぞれ美しいかたちとなって、家族である人間のそれぞれに現れてくるものと信じます。

人生とは、食べるために人と関わり、働き、料理して、食べさせ、伝え（教育）、家族を育て、命をつなぐことです。

料理することは人間として生きるためには欠かせないものですが、今、私たちのいる現代の日本では、必ずしも料理をしなくてもよくなりました。できあがった料理を手軽に買い求めて食べることで、「料理する」を省略できるからです。

となると、人間は食べるために必然であった行動（働き）を、捨てることになります。「行動（働き）」と「食べる」の連動性がなくなれば、生きるための学習機能を失うことになり、行動して食べることが心を育てると考えれば、大いに心の発達やバランスを崩すことになってしまいます。

同時に、現代社会では、料理したくても時間が取れないという問題や、働いても満足に食べられないという貧困の問題が起こっています。これはもう社会システムのほうに問題があるのではと疑ってしまいます。それを企業家は「資本主義の競争の原理による必然」と説明するのですが、そのような社会の状態を、数学者であり、日本人の心の働きや文化に関わる著作も多い岡潔《おかきよし》は、「生存競争」と言って憂《うれ》えています。生存競争とは生きるために殺し合いをすることです。けれど、人間の努力は人間の幸福に向かっていなければならないのです。

すべての人に分配できるだけの豊かな資源があった私たちの世代までは、「生存競争」もある意味では正しいことだったかもしれませんが、これから先はどうだろうかと考えます。人口の一つかみほどしかいないお金持ちにとっては良いことでも、そこにはいない、ほとんどの人々にとってはどうでしょうか。私たちの子どもたちの世代にとってはどうでしょうか。

そのような大きな大きな問題を、日常の小さな小さなことで解決できるなんて思っていません。料理することは正しいから、必ずどんなときでも料理しろと言うのでもありません。ただ、食事の根源的な意味を考えようとしているのです。一人ひとりすべての人の命を作るものだからです。そして、その最低限のことをおこなうことが、一人ひとりの幸福のための行動だと信じるのです。

少なくとも、人間にとって人生の大切な時期に手作りの良い食事と関わることが重要です。新しい家庭を築くはじまりに、また、子どもが大人になるまでのあいだの食事が特に大切だと思います。そして自分自身を大切にしたいと思うなら、丁寧に生きることです。一人暮らしでも食事をきちんとして欲しいと思います。そうすることで、自分の暮らしに戒めを与え、良き習慣という秩序がついてくるのです。

どうぞ踏ん張って下さい。なぜならば、料理することのない人生は、岡潔が「生存競争とは〝無明《むみょう》〟でしかない」とすることにも、重なるのかもしれません。無明とは、仏教でいうところの人間の醜悪にして恐ろしい一面です。

台所が作る安心

前・京都大学総長の人類学者・山極壽一《やまぎわじゅいち》さんは、ゴリラの研究者です。二〇一二年に、私はゴリラのお話を聞くために京大の研究室を訪ねました。

山極先生によると、人間になる直前の先祖である類人猿のゴリラの行動を観察することで、「人間とは何か」が見えてくると言います。ゴリラがすることで人間も同じようにすること、あるいはしないことがあります。人間がすることで、ゴリラはしないこともあります。ゴリラを研究することで人間を研究することになる。そこから導き出されたゴリラと人間の違いを「霊長類学から見たヒトの進化」「生活史から見たヒト」として著されています。*

そこでは、人間が生まれてから大人になるまでを「乳児期」「子ども期」「少年期」「青年期」「成年期」「老年期」に分けられており、「乳児期」とはおっぱいを飲んでいる時期。「子ども期」とは大人とは違うものを食べる時期。「少年期」とは、大人と同じものが食べられるけれど、繁殖に参加しない時期。「青年期」とは、繁殖能力があるのに繁殖に参加しない時期。「成年期」とは、繁殖に参加している時期。「老年期」

とは繁殖から引退した時期を言います。このうち、人間にはあってゴリラにはない時期というのが存在し、それは「子ども期」と「青年期」です。ゴリラであればとっくに自立している時期なのに、人間（日本人）は自立せずに親の元で養われている時期です。

この違いをどのように考えるかですが、私は、人間の成長はゴリラに比べて遅いというよりも、発展し複雑化した人間社会では、独り立ちするまでに身体を鍛え、学ぶための充分な時間が必要なのだと考えます。男は、父親の獲物を取る技術を身につけなければ生きていけない。女は、母親のすることのすべてを身につける。そしてこの期間に子どもは良い食べ物を食べることで、健康な肉体とともに多くの知恵をもらっています。

人間の子どもは、生まれてから立派な青年となるまで、その親にすべての食事を委《ゆだ》ねていますが、それは、子どもには他に学ぶべきことがたくさんあるからです。しかし、ただ食べるだけの子どもも、食事を通して多くのことを無意識のうちに経験して身につけているのです。

仕事場と住居が一緒にある我が家では、撮影など、仕事で作った料理がたくさんあります。でも、仕事でできた料理は、撮影が終わってからスタッフで食べたり、お客様にすべて持って帰ってもらいます。そういったご馳走《ちそう》を一皿に盛り合わせて、帰宅した子どものために取り置いて、食べさせることを妻は一切しませんでした。私など、忙しいのにわざわざ作らなくても、あるものを食べさせればいいと思っていました。でも妻は、子どもが帰ってきて、「ただいま」の声を聞いてから作り上げるのです。

仕事でできたご馳走と妻がその場で作ったお料理は、食べ物として同じでしょうか、違うものでしょうか。全く違うものですね。それがご馳走であるとか簡単なものであるとか、味つけなんてことも問題ではありません。妻がその場で娘のために作る料理の音を、娘は制服を着替えるあいだに聞いたでしょう。匂《にお》いを嗅《か》いだでしょう。母親が台所で料理をする気配を感じているのです。まさに料理は愛情です。どれだけ家に帰ってきてホッとしていることでしょうか。どれだけ安心できたことでしょうか。愛されていることを全身で感じているのです。だから子どもにとって、親の料理は特別なものなのです。妻のしていたことの意味に気づくのが遅すぎました。妻には感謝しています。

台所の安心は、心の底にある揺るぎない平和です。お料理を作ってもらったという

毎日の食事の経験を通して、
人は多くのことを身につけます。
急いでつくるおかずはいつもの定番、
いつも同じものでよいのです。

子どもの経験は、身体の中に安定して存在する「安心」となります。それは、大事のさなかにも、ただ逃れようとする恐怖心を抑えてくれるように思います。安心は動揺することなく冷静に対処するための落ち着きとなります。安心は人生のモチベーションともなって、未知の旅に出る勇気になるのです。やがて、安心は思い出となって蘇《よみがえ》り、自らを癒《いや》してくれると、自らの経験と照らし合わせて考えました。

＊『ヒトの心と社会の由来を探る』（国際高等研究所）山極壽一・著より

良く食べることは、
良く生きること

食べることで私たちの体質は作られる「体質即食物」だと、医師の秋月辰一郎《たついちろう》先生は言いました。* 人が健康でいられるためには「環境」が重要ですが、その環境というのは太陽・空気・水といろいろ考えられる中でも、食べ物がそれを代表していると言うのです。食べ物によって体調を崩すことがあり、食習慣によって病気にかかりやすくなります。反対に、食べることで私たちは健康でいられるし、病気にかかりにくい体質にもなるのです。

食べるもので、私たちは体質を改善できます。人の細胞は絶えず生まれかわり、数ヶ月もすればほぼ別の肉体になると言われます。そのために継続して安定的に良い食事をする必要があるのです。

料理することについてもう少し話しましょう。

伝統的な技術で命を支える味噌《みそ》のようなものもありますが、今の加工食品のすべてが健全に命を育《はぐく》んでくれるものばかりでないことは、だれにでもわかることでしょう。加工食品に限らないことですが、科学的にとらえると、完全に安全で安心だと言える食品はないと言われます。

しかし、自分で調理することで、浄化されるのです。便利な加工食品を利用しても、自分で料理すれば、ある程度、自分と家族を守ることができます。食に対して責任を持つことができます。

そもそも食文化というのは、その土地の風土の中で安心してものを食べる合理的な方法で成り立っています。最近はよく、「機能的」なことを「合理的」という言葉にすり替えて使われますが、時間を短縮する、便利で都合のよい「機能」と、理にかなった「合理」では意味が違います。機能性は、多くの場合に素材本来が持つおいしさと健康価値を犠牲にします。

お料理を自分で作るのであれば、どんな食料、どんな調味料を使うかを自分で決められます。どんな食材を使おうかと考えることは、すでに台所の外に飛び出して、社会や大自然を思っていることにつながります。その食料をどこでだれから求めるか、どこの産地のものなのか、どこの海で獲《と》れたものかを知れば、食材を通して多くの人や自然と関わっていることがわかるでしょう。目で見て手で触れて料理することで、人間はその根本にあるものと直接つながることができるのです。

頭ではわからないことも、手が触れるという行為を通じて、感じているのです。身体で感じていることを頭が邪魔することがありますが、しかし頭では無意味と思っているようなことでも、その一つ一つが貴重な経験になっています。

無駄な経験は何一つありません。他の命あるものに直《じか》に触れることで、数学者・岡潔の言う「情緒」を人間は持つことができるのではないかと考えています。それは想像力、感受性、直観という人生を豊かにするもの、科学的には説明のつきにくい心の働きを身につけるということです。いや、身体の働きの自覚というべきかもしれません。

親が料理したものを子どもが食べる経験。家族が料理したものを、みんなで一緒に食べる経験。一人で料理して自分で食べる経験。料理という行為と食べるという行為の関係は、料理する人間が持つすべての経験と、無限大につながる大自然の秩序を食べる人に伝え、つなげることだと信じています。

私たちは生きている限り「食べる」ことから逃れられません。離れることなく常に関わる「食べる」は、どう生きるのかという姿勢に直結し、人生の土台や背景となり、人の姿を明らかにします。「食べることは生きること」と言われるのはそのためで、間違いなく「良く食べることとは良く生きること」なのです（仏の政治家で『美味礼讃《びみらいさん》』を著したブリア＝サヴァランが「あなたの日頃食べているものを言ってみなさい。あなたがどういう人間であるか言い当ててみせましょう」と言った有名なエピソードも、食が人間を現すのだと言っているのです）。

今、私たちの周りには食べ物があふれるようにあって、選ばなければ食べることに困ることはありません。面倒なときは食べなくてもいいし、食品の良し悪《あ》しを気に留めなくても生きられます。何も考えなければ別に問題はないし、人に迷惑を掛けることもありません。だから、好きなものばかり食べることは、大自然のルールでは少し怒られることかもしれませんが、人間の作ったルールの中では何も悪いこととは言えません。

でも、たぶん、食べるということは、とても大切なことだと思います。いや、おそらく、だれもがすでにその身体でわかっていることだと思います。しかし、インパクトの強い日常の雑事に追われて地球環境のことや子どもたちの未来といった大切なことをつい忘れて置き去りにするのと同じように、小事を気にして大切な問題は後回しにするのです。

地球環境のような世界の大問題をいくら心配したところで、それを解決する能力は一人の人間にはありません。一人では何もできないと諦《あきら》めて、目先の楽しみに気を紛らわすことで、誤魔化してしまいます。一人の人間とはそういう生き物なのでしょう。

しかし、大きな問題に対して、私たちができることは何かと言うと「良き食事をする」ことです。聖者・マザーテレサは、「世界平和のために何ができますか」という質問に、「まず、家に帰って家族を愛しなさい」と答えられたそうです。どうぞ、自らの命を大切にして下さい。

何かをやろうとすれば、たいていのことは賛同者や協力者が必要になるものです。でもこの「一汁一菜でよいという提案」のよいところは、仲間を募ってみんなでやろうとしなくても一人でできることです。

実は食事することのその先に、楽しいことがたくさんあるのです。二百万年も大自然の一つとして生きてきた人間の営みに疑いはありません。どうぞ、私たちの過去の経験と無限の知恵を信じて下さい。

＊『体質と食物　健康への道』（クリエー出版）秋月辰一郎（一九一六〜二〇〇五／元長崎聖フランシスコ病院院長）・著より

一汁一菜の実践

ご飯と具だくさんの味噌汁。
これだけで毎日に必要な栄養は充分摂ることができます。
基本となる食事のスタイルを持てば、暮らしに秩序が生まれます。
ここでは、その具体的な実践の方法と考え方について述べていきます。

食事の型「一汁一菜」

「一汁一菜」とは、ご飯を中心として汁（味噌汁《みそしる》）と菜（おかず）それぞれ一品をあわせた食事の型です。ただし、おかずは昔の庶民の暮らしではつかないことも多く、実際には「味噌汁」「ご飯」「漬物」（＝汁飯香）だけで一汁一菜の型を担《にな》っていました。

今、多くの人が毎日のように「今日のおかずは何にしよう」と悩むと聞きますが、一汁一菜が基本であると考えれば、何も難しいことはありません。一汁一菜は、現代に生きる私たちにも応用できる、最適な食事です。おかずをわざわざ考えなくても、ご飯と味噌汁を作り、味噌汁を具だくさんにすればそれは充分におかずを兼ねるものとなります。魚、豆腐、野菜、海藻などを時々に応じて汁に入れ、発酵食品の味噌で味つけます。肉を少量入れてもいいでしょう。血肉骨を作るタンパク質や脂質、身体の機能を整えるビタミン、

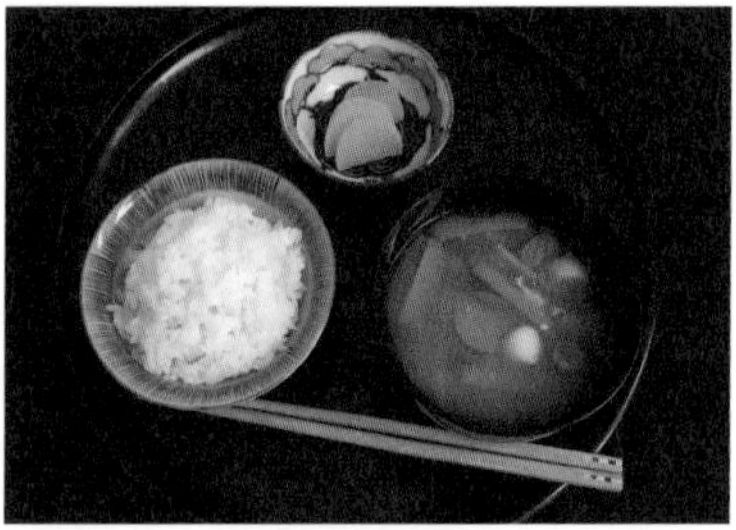

日本人の健康を長いあいだ保ってきたのが、この「汁飯香」でした。

ミネラル（カルシウムなど）を含む食材を具とします。

「飯」は、身体や頭を働かせるエネルギー源（炭水化物）です。昔なら雑穀やかて飯（芋や大根を増量のために炊《た》き込んだご飯）、玄米や白米です。

「香」は漬物です。味噌と同じ発酵食品のぬか漬けや白菜漬けですが、これはご飯を食べるための塩気であり、必ずしもなくていいと考えています。漬物がなければ梅干しや佃煮《つくだに》でもよいし、何もなければ、味噌はご飯のいちばんのおかずですから、ご飯にも味噌をつけて食べればよいのです。

つまり、基本はご飯と味噌汁さえあればよいと考えます。どちらも人為のない、自然が作ったものです。これでしっかりバランスの良い食事を摂《と》ることができます。

日本人の主食・ご飯

　稲作が日本に伝わって三千年です。以来、社会は安定していきますが、米が貯《たくわ》えの利《き》く乾物であったことが大きいでしょう。米は労働の賃金を表す基準として貨幣と同等の価値を持ち、生産量が石高としてその土地の豊かさを示すものとなります。昔の生活は決してらくではなかったでしょうが、それでも米を作ることで多くの人間を養うことができ、日本の文化は豊かになった。まさに稲作が中心になって暮らしが回っていたのです。
　稲作は自然と人間の暮らしを美しく結び、自然に対する感受性を一層磨き、日本の文化の土台となりました。日本人にとって米は他の食材とは違って、ただ事ではないのです。稲を刈り、脱穀して籾《もみ》として保存し、籾すりして玄米となって、精米して白米とする。一つの植物なのに名前がたくさんあるのは、関わる人ごとに違う呼び方をしたからでしょう。白米を炊いて食べるときには、ちゃんと「御」をつけて「ご飯」と言い、ご飯を大切にしてきたのです。

(1)

(2)

おいしいご飯の炊き方の原則と要領

米は洗って、表面に残るぬかを落としてザルにあげます。今のお米は三十年程前と比べて精米が深く表面に残るぬかが少ないですから、全体を一度水に浸してざあっとかき混ぜた後、水気を切って、それほど力を入れずにぐるぐる指でかき混ぜて手早く洗って……わかりにくいかもしれませんが……ぬかが落ちて、手にあたる感じがシャリッとすれば、澄むまで、何度も水を替えて、濁りがなくなれば、ザルにあげます(1)。水が澄むまで行うのは、潜在的にいる雑菌を落とすためです。これによって、雑味が少なくなり、風味がよくなるばかりか、炊き上がったご飯は傷《いた》みにくくなります。また洗った米を水に浸しっ放しにすると、雑菌が繁殖しやすいので、ザルにあげて水気を切ります。米は乾物ですから、三十分〜四十分ほど置いて、吸水させます（水からあげていても、表面に付着する水分で間に合います）。芯《しん》まで水分を含んだ米は、白くふっくらとして、しっとりしています(2)。水気を吸って膨らんでいますから量（かさ）が増えています。

この状態が「洗い米」です。

洗い米にするのは、昔ながらのやり方です。洗い米を、きれいな水で水加減して、すぐ火をつけて炊き始めます。あとは、普通に炊いてください。炊飯器であれば、時間を短縮する早炊きモードで炊いてください。洗い米だから早炊きで良いのです（今の炊飯器の説明書には、洗い米というプロセスを省略して、生米をすぐに炊き始めるものとして、基本設定されています）。

炊くときの水加減は、洗い米と等量の水を計量します。洗い米と水の割合は一対一を基本として、好みによって増減してください(3)。この方法でツヤとハリのある

(3)

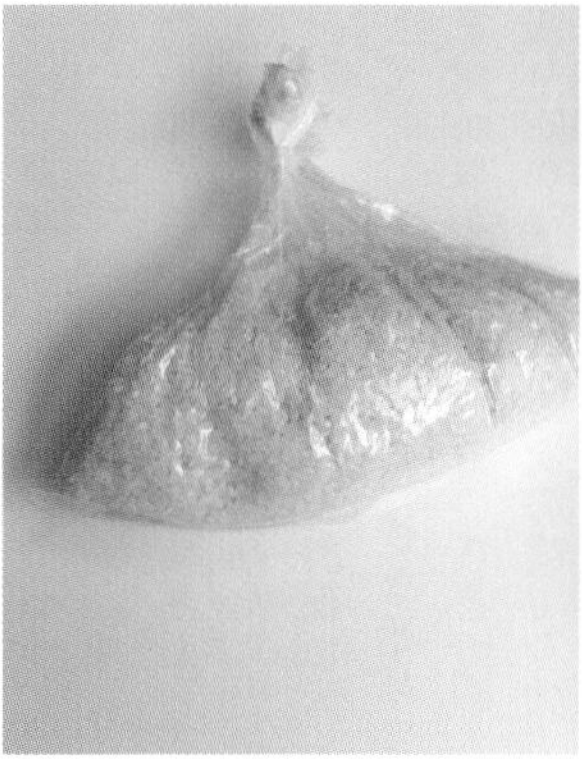
(4)

風味のよいベストのご飯が炊き上がります。実際に試してみると、歴然とした違いがわかるでしょう。

◉生活のリズムに合わせて、要領よくご飯を炊く方法

ただ毎回必ずご飯を炊く三十分〜四十分前に米を洗うとなると、朝なら一時間は早く起きないといけなくなるので、なかなか難しいでしょう。洗い米はそのままザルにおいておくと、一時間以上もすればこんどは乾燥して割米になってしまいます。そうなればおいしいご飯は絶対に炊けません。希望の時間にすぐ炊き始めるために、あらかじめ洗い米を作っておくいい方法があり

ます。それは、米を洗ってザルにとり、水気をシャシャッと切ったら、すぐにポリ袋に入れて、翌朝まで、冷蔵庫に入れておけばいいのです(4)。乾燥することもなく、冷蔵庫の低温で、雑菌は繁殖しにくくなります。キャンプなどで山でご飯を炊く時、洗い米にして持っていかれたらいいと思います。

翌朝ご飯を炊くなら、前夜に洗い米にして冷蔵庫に保管し、朝起きてすぐ水加減して、(早炊きモードで)炊き始めてください。もし、翌朝パンがあったからとご飯を炊かなかったら、その夜まで取りおいてもいいでしょう。夜、また遅くなってご飯を炊かなかったら次の朝でも大丈夫ですが、時間をおいた分だけ味が落ちると思ってください。時間と共に、表面のツヤが落ちて、粘りのあるご飯になりがちです。

具だくさんの味噌汁

味噌は、日本人が古くから親しんできた発酵食品です。一汁一菜は、味噌汁を柱とします。味噌汁さえ作ればなんとかなると思って下さい。味噌汁はだし汁が大事などとは言いません。おいしく作ろうと思えばいくらでも方法はありますから、まず味噌汁の根本を理解して下さい。湯に味噌を溶けば味噌汁ができるのです。湯に塩を溶いても塩汁とは言いませんが、味噌を溶けば味噌汁という料理名になります。それはなぜか。味噌だけは特別だからです。日本の味噌の力です。『体質と食物　健康への道』を著した医師の秋月辰一郎先生は、「味噌は日本人の健康の要《かなめ》」と言っています。

具だくさんの味噌汁は、心身の健康を維持し、育《はぐく》むために必要な栄養素を充分に摂ることができます。味噌汁の中に具がたくさん入るということは、すでにお

かずを兼ねることになるのです。

「味噌」は、土地それぞれの伝統的な製法で作られたものをお使い下さい。自分でブレンドしてもいいでしょう。味噌の分量は、一人分何グラムと記すこともできますが、当然、具の硬さによる加熱時間の違いで煮詰まり具合は変わり、また具の量や性質によっても変わってきます。しかし、味噌の調味料としてすごいところは、少しくらい多くても、あるいは少なくてもおいしくできるところです。味噌という生命体、大自然の大きさゆえです。あまりに辛いと思えばお湯をさして下さい。味噌に任せればレシピにあるような計量は不要です。

「水分」は水が基本です。「具」は何を入れても結構です。畑のお肉と言われる豆腐や油揚げは大豆食品。肉や魚介、ベーコンやハム、卵はタンパク質や脂質。野菜、きのこ、海藻は体調を整えるビタミンや食物繊維。これらを組み合わせます。肉は少し、野菜を多めにして下さい。前日の残りの鶏《とり》の唐揚げを野菜と煮込んで味噌汁にしてもよいのです。こうした味噌汁は毎回違う味になります。再現性はありませんし、あまりおいしくならないこともありますが、たまにびっくりするほどおいしくできることもあります。そのうち、おいしいとかまずいとかは大きな問題ではないことがわかります。具を煮込むうちに煮汁が少なくなってしまうこともありますが、味噌汁から味噌煮込みに、また味噌煮という煮物に変わってゆくのです。これで、汁物と煮物の関係が理解できます。

(1)

(2)

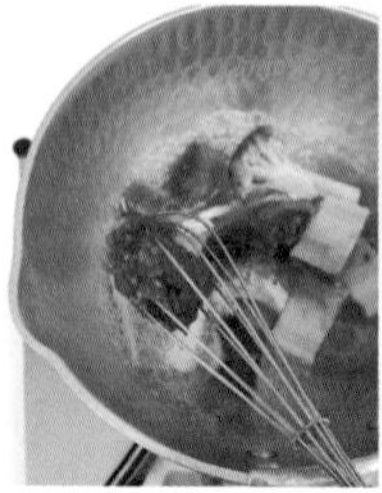
(3)

手早く作る一人分の味噌汁

分量の目安は、実際に味噌汁に使うお椀《わん》を利用するといいでしょう。刻んだりちぎったりした具の総量をお椀に多めの一杯として、水もお椀に一杯とします(1)。

味の出る具材である油揚げやベーコン、ハム、肉類(鶏、豚肉)、そして野菜は、すぐに火が通りやすい大きさに刻みます。キャベツやきのこは手でちぎってもよいのです。他に煮干しや干し海老《えび》を入れてもよいでしょう。これらは味の補いだけでなくカルシウムの補いにもなるので食べてしまいます。

それらをすべて鍋《なべ》に入れて火にかければ(2)、大抵はすぐに柔らかく煮えてきますから、煮え加減(硬さ・柔らかさ)を確かめて、後は味噌を溶きます(3)。具だくさんの味噌汁は、味噌を溶いてからしばらく煮込むと味がなじみます。

◎味噌汁の温度…さらりとした具の少ない味噌汁は、煮えばなの熱いところをすすると、味噌の風味をいちばんよく味わえておいしいものです。でも、一度沸かした味噌汁ならば、熱々にこだわらなくても、それなりの温度でおいしいのです。熱々は触覚の楽しみ、おいしさは味覚の楽しみで、別物なのです（煮えばなとは、汁が最初に熱く煮上がったいちばんおいしい瞬間のことです）。

◎水分について…水は、味噌汁にかぎらず、すべてのお料理の基本です。水に具を入れて火にかければ、具の持っているうま味が煮汁に溶け出します。いわば、それが「だし」、いい味が出たというのです。だから、うま味の強い食材（ベーコン、肉など）が具に入れば、いわゆるだし汁はなくてもおいしくなります。だし汁の代わりに、野菜を油で炒《いた》めたときも同じ効果があります。先に焼き炒めてから水を注ぎます。特にキャベツは効果的です。

◎二人分作るときは、水分量をそのまま二倍にしてしまうと、蒸発率の関係で水分が多くなります。人数が増えるほど水を少しずつ減らします。

◎火の通りにくい里芋やじゃがいもを入れたいときは、先にかた茹《ゆ》で程度になるまで火が通ってから、他の具材を入れます。

◎卵を入れるのであれば、味噌を溶いてから煮立ったところにそっと割り入れて、火を弱めて好みの加減に三〜四分、火を通します。

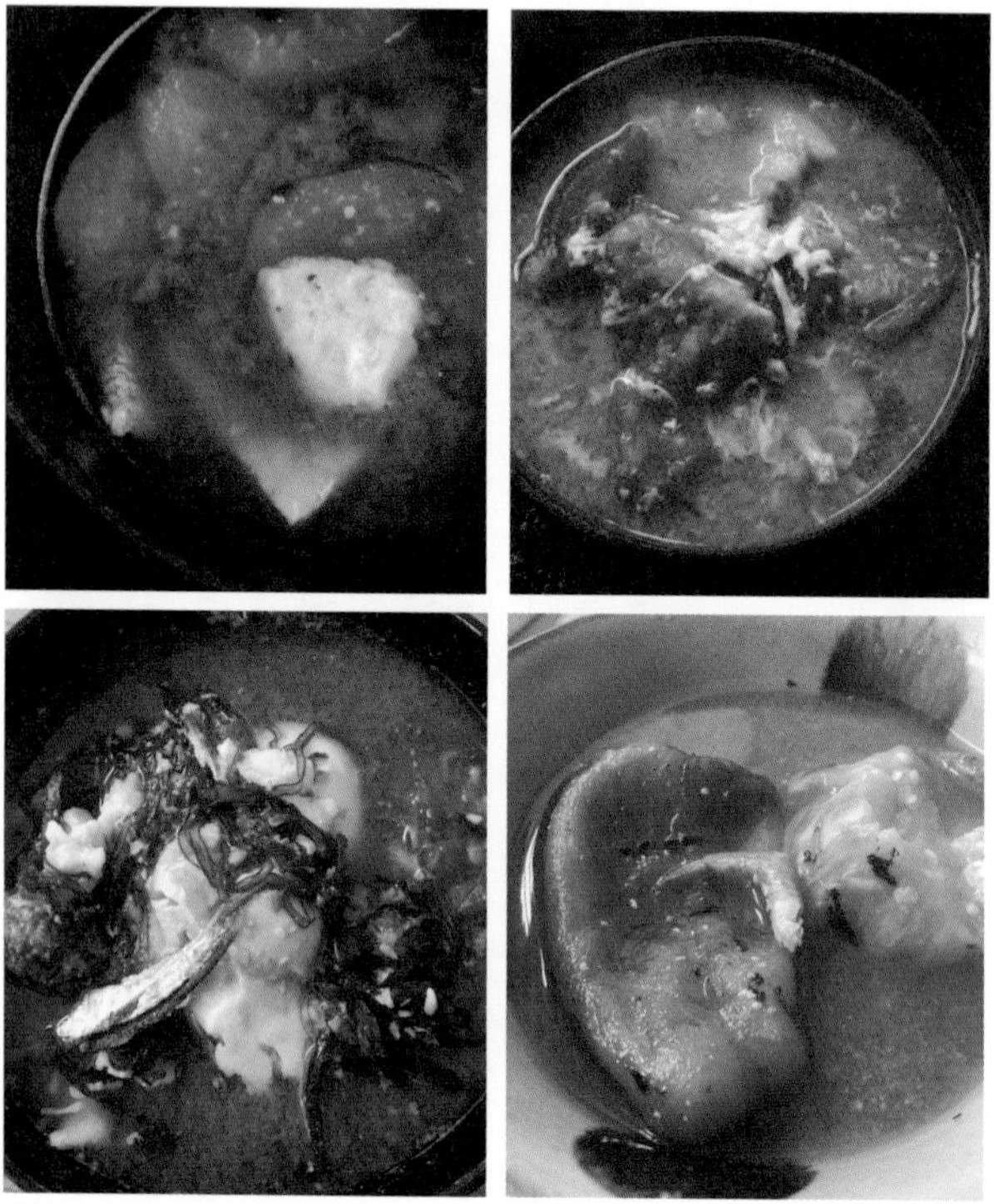

〈繕《つくろ》わない味噌汁〉

これらは私が普段作り、実際に食べてきた味噌汁です。

味噌汁には、何を入れてもいいのです。

同じものという再現性はなく、毎日違うものができあがります。

自分だけであれば、多少見た目は悪くてもおいしくいただけます。

鍋に具を残しても仕方ないからと、全部椀によそってしまいますが、
人の暮らしとはそういうものだと思います。基本や中身がきちんとしているならば、表面を取り繕うことなんてなにもないのです。

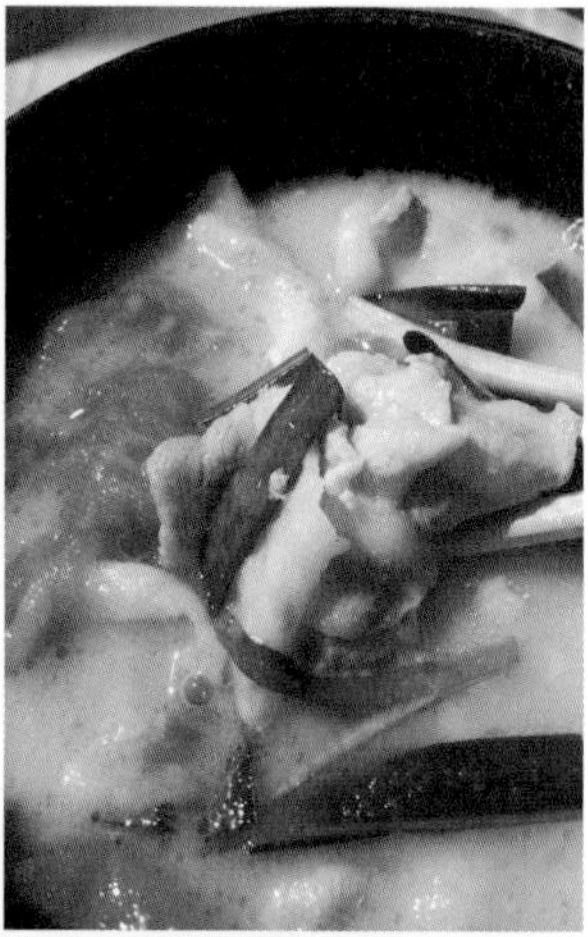

〈体裁を整えた味噌汁〉
たとえ家族であっても、だれかが一緒に食べるのなら、
やはり体裁を気にする自分に気づきます。一人で食べるより、
ちょっときれいにしようと思います。見た目を良くするには、
色どりを少し考えて、具材も整理したほうがよいとは思いますが、
椀によそうとき汁を多めにして具をあまり見えなくするだけでも
効果があります。

味噌について

味噌はそれぞれの地方の伝統的な食べ慣れたものがよいでしょう。昔ながらの製法で素材を吟味して熟成させた味噌です。原料による種類の別で言えば、もっとも消費量の多い米味噌の辛口（淡色・信州味噌など）は、三ヶ月くらい（理想は半年以上）掛けて熟成させたもので、じっくり置いた二年味噌もあります。豆味噌は愛知を中心に作られ、半年〜三年と熟成期間が長いもの。田舎味噌とも言われる麦味噌は、九州地方に多く、三ヶ月ほど熟成させます。各地の伝統的な味噌をみてみます。

○信州味噌（米味噌）……大豆と米麹《こめこうじ》と塩を合わせて発酵させた米味噌。色は山吹色（淡色）で、熟成期間が長くなると色は濃くなる（赤味噌）。
○仙台味噌（米味噌）……信州味噌より熟成期間が長く、半年〜一年。味は辛口。
○八丁味噌（豆味噌）……米麹を使わず、大豆と塩だけで作る。豆を蒸してつぶし、味噌玉にして、種麹を振り掛けて塩と合わせる。三年近い長期熟成のものもある。色は黒い。愛知など東海地方で作られ、岡崎味噌と言われる。
○西京味噌（米味噌）……熟成期間が短いため、色は白。白味噌と呼ばれる。米麹を多く使用し、塩と合わせ、煮た大豆と合わせてすり、一晩寝かせて火入れして発酵を止める。五〜二十日で完成。

京都などの関西を中心に、香川、広島でも親しまれる。お祝いやお客様用の味噌汁と言えるが、京都でも毎日の味噌汁となると一般的な赤味噌、また、合わせ味噌（混ぜたもの）が飲まれている。
○九州麦味噌……色合いは茶淡色。大豆と麦麹と塩を合わせて発酵、熟成させたもの。熟成期間三ヶ月〜一年ほど。九州地方に多く、瀬戸内にもある。

◎味の比較…味噌を二〜三種用意して、その日の気分で取り替えるだけでも変化がつきますが、それらを混ぜて使うことも自由です。消費量の多い信州味噌を基準にすると、白味噌である西京味噌（米味噌）は米麹の甘み（うま味）が強く、比較的塩分が少ない。八丁味噌（豆味噌）は、酸味や渋味といった味わいが豊かで甘みが少ない味噌です。麦味噌は、白味噌ほどではありませんが比較的甘みが強く、麦の風味があります。冬場であれば、赤味噌に白味噌を少し混ぜることでとろみがついて温まり、おいしく感じられるものです。その逆に、暑い季節には八丁味噌（豆味噌）がすっきりとしておいしく感じられます。また、豚汁や魚の骨を使ったあら汁にはよく合います。ちなみに、赤だし味噌という色の黒い味噌がありますが、これは味噌の販売店が、硬い豆味噌をあらかじめ他の味噌とブレンドして使いやすくした合わせ味噌です。
◎味噌の力…味噌の中では、塩分その他の環境的条件から、食中毒などを引き起こす細菌はほとんど生きられません。O‐157といった大腸菌を埋め込んでも死滅するのです。その力は驚くべきもので、歴史上、味噌に関わる食中毒の報告例は一件もありません。味噌の中で生きられるのは人間の健康にも良い乳酸菌（有用菌）などです。（みそ健康づくり委員会／味噌の公式サイト参照）

すぐにできる味噌汁

ちょっとくたびれたというときに、湯に塩を溶いていただいたりすることがありますが、同じように、湯に味噌を溶けばいい。それが第一段階の味噌汁です。味噌汁をいただけば心地よくなってホッとするのは、味噌の良さを、身体は知っているからです。「味噌は気骨に効く」と言われ、体調が悪いときに味噌を茶に溶いて「味噌茶」として飲まれていたようです。沖縄でいちばんよく飲まれている味噌汁が「かちゅー湯」（左ページ上）。椀に味噌と鰹節《かつおぶし》を一つかみ入れて湯を注げばできあがりです。私は鰹節の代わりに煮干しを入れて食べています。煮干しからカルシウムが摂れるからです。

外にいるときも、味噌汁を飲みたいと思います。具のない味噌汁は、お弁当に添えると良いでしょう。お茶を入れるよりも手間が掛かりません（右の写真の青いフタの瓶は、私が出掛けるときに必ず持っているケイタイ味噌です。味噌は汁になり、また、おかずや塩の代わりにもなるから安心です）。

〈かちゅー湯〉
椀に味噌12〜15ｇと鰹節を一つかみ、熱湯150ccを注いで混ぜるだけ（分量は参考です）。「かちゅー湯」とは鰹湯のことで、沖縄の言葉です。

〈ある忙しい朝の味噌汁〉
椀に味噌と、頭とワタを取って裂いた煮干し、さくら海老、乾燥わかめ、生卵を割り入れ、熱湯を注いで味噌を混ぜながら食べました。

その季節にしか食べられない味噌汁

季節を意識すると不思議と改まった気持ちになる、嬉《うれ》しい味噌汁です。

【春の味噌汁】

春らしいものは芽の出るもの。セリや三つ葉、新たけのこと油揚げで上等の味噌汁になります。特に山うどをぶつ切りにして、サバの缶詰を煮汁ごと入れて水煮して、味噌で味つけたうど汁は春の楽しみです。

絹さやえんどうは早くから出回ります。えんどうやそら豆も実にして下さい。晩春になれば新玉ねぎ、新じゃがいもが出はじめ、ベーコンと相性が良いでしょう。

海の中にも春が来ています。新ものの生わかめやその頃にしか見られない茎わかめもあります。貝の旬《しゅん》は春です。年中ありますが、この季節のあさりの味噌汁は格別です。水から煮て、口が開けば、あさりの塩分を考えて、少なめの味噌で味つけます。

【夏の味噌汁】

夏のはじまり、じゅんさいの入った味噌汁は清々《すがすが》しく、嬉しいものです。焼いて売っている鮎《あゆ》などを水煮にして、赤だし味噌で溶けば洒落《しゃれ》たものになるでしょう。茄子《なす》は、長く煮るとアクが出てくるので、普段は薄く切って入れます。厚切りで油焼きにした丸茄子に辛子を添えて味噌汁に仕立てるのはご馳走です。

かぼちゃは火が入りやすいものですから、少し厚みを持たせても良いでしょう。煮崩れたのもおいしいものです。完全に煮崩れてとろみがつけば、かぼちゃのスープです。枝豆なども、すりつぶし、味噌汁で伸ばしてスープのようにすれば、和食ではすり流し汁と言います。アジなどの焼き魚の身をほぐして、胡麻《ごま》ペーストを入れてすり伸ばし、味噌で味つけ、きゅうりもみを入れて氷水で伸ばせば、手軽な冷や汁になります。

味噌汁は具をきれいに引き上げて、冷蔵庫に入れておくと翌日くらいまではもちます。冷たい味噌汁もおいしいものですし、また火にかけて温め直してもよいのです。

【秋の味噌汁】

里芋などもおいしいんです。別鍋で皮ごと茹でておいて、つるっと皮を剝《む》いて、ぎゅっとひねってつぶしてから味噌汁に入れて温めます。つぶすことで汁とよくなじみます。山の芋の小さな茎、むかごの味噌汁もおつなものです。

きのこ汁は、きのこ採りに行って、山で作る味噌汁です。山にはカセットコンロ持参で味噌と鶏肉《とりにく》と茄子を持って行きます。きのこについた落葉をよく洗って、鍋にあふれるほど入れて水煮します。茄子を入れるのは、きのこの毒消しになると昔から言われるからです。これは栽培種のきのこを二〜三種買って家でも作れます。

コシの強い山の芋をおろしてとろろを作り、手をしめらせて一人分ずつちぎり、味噌汁に落として三十秒ほど煮たのが、おとし芋の味噌汁。軽くておいしいです。また、とろろを味噌汁で飲みやすく伸ばしたのがとろろ汁です。ちなみに押し麦を混ぜたご飯を炊いて、とろろ汁を合わせたのが「麦とろ」です。

晩秋、肌寒い朝は、いつもの味噌汁に白味噌を合わせると、とろみと甘みがついて温まります。

【冬の味噌汁】

冬は根菜。ごぼう、にんじん、れんこんなどです。にんじん以外は柔らかくなりにくく味噌汁になじまないので、ごぼうはささがきにします。この頃はごぼうもアク抜きしないでそのまま煮ていますが、そのほうがおいしいように思います。ごぼうは肉とも相性が良くて、豚汁にするのもよいでしょう。

寒くなると濃厚な味がおいしいものです。胡麻油で豆腐を炒めて作る、けんちん汁。塩鮭《しおざけ》のうま味で作る粕汁《かすじる》もよく作ります。普段の味噌汁に柔らかい酒粕を適当にちぎって入れても良いでしょう。

【魚介の味噌汁】

貝の味噌汁。あさり、ハマグリ、しじみの味噌汁です。海の貝は春から潮干狩りの頃までが旬です。夏や真冬には、しじみなど淡水、汽水性の貝を選ぶと良いでしょう。

貝の味噌汁はとても手軽に作れます。貝殻同士をこすり合わせてよく洗って鍋に入れ、必要な量の水を椀で測って入れます。貝の量が少なければ、昆布を補っても良いでしょう。中火にかけてゆっくりと貝が開くのを待ち、煮立ってくればアクをとって、味噌を溶けばできあがりです。海水に棲《す》むあさりやハマグリは塩気を含んでいますので、味噌の量を控えて下さい。

鯛《たい》やタラの味噌汁は格別です。下ごしらえが大事で、熱湯にさっとくぐらせて水に取り、流水で洗ってきれいにウロコを落とします。後は水煮して、味噌を溶くだけです。どんな魚でも良いだしが出るのですが、小さな魚は小骨が気になるもの。アジのアラ（頭と中骨）があれば、水煮して骨を除いて、スープを味噌汁に仕立てます。

他にも、海老やカニを使っても贅沢《ぜいたく》な味噌汁ができます。それぞれの魚介から味が出るので格別おいしいものです。

〈だしを使った味噌汁〉

毎日の食事や自分一人分であれば、味噌を湯に溶いて作る味噌汁でも充分ですが、誰かのために作るとなれば、それでは済まないときもありますので、一応だし汁の作り方を記しておきます。この場合は、具材を適宜少なめにすると、具よりも汁が主役になります。

だし汁を使えば、味噌汁はまろやかな味わいとなり、たいていはおいしくなります。水で煮るところを、だし汁で煮れば良いのです。煮干し、昆布、サバや鰹などの削り節のだし汁、チキンスープ、ブイヨン、なんでも使えます。

だし汁は濃ければ良いというのではありません。おいしさは味噌とのバランスですから、おいしさを追求するのであれば、だしの濃さや種類と具の関係を意識して考えて下さい。

たとえば、白味噌（西京味噌）の味噌汁は、鰹節の効いただし汁とは相性が悪いもの。というのは、すでに白味噌には麹のやさしい風味とうま味がたっぷりとあるので、強い鰹節の臭《にお》いが目立つのです。したがって、白味噌は湯に溶くだけで、おいしい味噌汁のできあがり。だしと合わせるなら、静かなうま味がある昆布だしがよいでしょう。

濃いだし汁は、味噌汁で煮込んだうどんやそうめん（煮込みうどんなど）によく合います。濃いだし汁とは、味の強い、煮干しやサバやイワシの削り節のことです。

しかし、さらりとした具の少ない味噌汁は、濃いだし汁とは相性が悪い。味噌汁のおいしさは味噌が主役ですから、味噌の風味を殺すほどの濃いだし汁は、味わいが重くなるからです。「今日はとびきりおいしい味噌汁を作ってあげよう」と意気込んだとき、いつもより削り鰹を一つかみ多くしてだしをとる。だからといって、おいしい味噌汁ができるものではありません。味噌のおいしさを補う程度に、少し控えめなくらいのほうがよい。そのほうが下品にならず、上品でセンスの良い味噌汁になるのです。

◎だしの取り方…一般的にだし汁をとることは、難しいと言われるのですが、難しいのはお料理屋さんでいただくお吸い物のだし汁の取り方で、それ以外は決して難しいものではありません。お吸い物用のだし汁は、「一番だし」と言われる特別なものです。その他は、煮干しであれ、削り節であれ、昆布であれ、値段も中くらいのものを選んで、好きなように混ぜて作れば良いのです。作り方は、水から入れて一煮立ちしたら漉《こ》して下さい。煮干しや分厚い削り節は浸けておいてから火にかけるとよいでしょう。弱火で煮て飴色《あめいろ》に近づけば、良いだしが出ています。だし汁はペットボトルに入れて冷蔵庫で保管でき、二〜三日は保《も》ちます。

一汁一菜の応用

この本では、食事の献立の最小単位を一汁一菜としています。あくまでご飯と味噌汁（おかずを兼ねる具だくさんのもの）が主体です。毎日のこの食のかたちには、すべての貴重な栄養素が含まれていると考えています。

一汁一菜におかずが一つつけば一汁二菜、二つつけば一汁三菜です。そのときの味噌汁は、具の種類を減らしてバランスを取ります。おかずを作ったときは、味噌汁の具はシンプルでよいでしょう。作ったおかずに足りないものを補います。おかずが魚であれば野菜の味噌汁。茄子やかぼちゃの煮つけや根菜のおかずがあれば、味噌汁の具は豆腐と油揚げ、豚肉とねぎや緑の野菜といったものにします。

具を少なめにした味噌汁は、さらりとして、味噌汁そのもののおいしさが楽しめます。多くの場合はだし汁を用意して、豆腐と油揚げ、季節の青みなどを温めるように火を入れ、味噌を溶いて、煮立ったところを、椀によそいます。味噌は香りのものですから、味噌汁のおいしさとしてはこれがいちばんかもしれません。好みで、山椒《さんしょう》や柚子《ゆず》などの香りのものを添えることもよいでしょう。こういった香りのものを吸い口と言います。

季節の野菜をご飯に入れて炊き込みご飯にしたときも、ご飯の中におかずが一品入っていると考えて、味噌汁は具の少ないさらりとしたものでよいのです。また、日常的に作る焼き飯も、おかずの要素がありますからシンプルな味噌汁をつければそれでOKです。関西では、しいたけやごぼうを米粒大に切って醬油《しょうゆ》味で炊き込んだ「かやくご飯」、これに塩鮭の入った粕汁の献立は定番のご馳走です。秋の栗ご飯などには味のしっかりした豚汁のようなものもよく合います。つまり、味噌汁とご飯でも、その組み合わせによって、一汁一菜のご馳走になるのです。

おいしいだしで味噌汁を作れば、ご飯を煮込むとおいしい味噌雑炊ができます。雑炊にするときは、冷やご飯であればさっと水で洗って粘りをとりますが、冷やご飯でもご飯を洗わずにそのまま煮込むと粘りがほどよく出るのでそれもおいしいと思います。おろし生姜《しょうが》を止めると味が締まります（「止める」とは、天盛りや吸い口として、香りある食材を最後に載せるときに言います）。味噌雑炊と漬物でも、一汁一菜になっています。

味噌汁にすいとんを入れてもいいでしょう。すいとんは小麦粉に熱湯を入れてさっくりと混ぜて作ります。混ぜすぎると粘りが出て固くなるので、さっくりと混ぜて汁に落とします。胡麻油が入るとおいしくなります。茹でたそうめんや、うどんを入れても良いです。軽くとろみがついて温まるし、お腹《なか》におさまるとホッとします。

お正月はご飯を食べずに、お餅《もち》をいただきます。京都や香川では餅を白味噌で煮込むのですが、お雑煮一つでお正月の一汁一菜となっています。また、鍋に水を入れて、昆布と豆腐を入れて温めると湯豆腐ですが、温かいお茶碗《ちゃわん》にご飯をよそって、豆腐をだし汁ごと入れ、味噌を載せればうずみ豆腐というお料理です。溶きながら、食べるうちに味噌汁になっていきます。このように味噌を調味料と考えれば、いくらでも多様に応用できます。

一汁一菜はスタイルである

一汁一菜を続けるとなれば、洋食は食べられないのでしょうか。パンは食べられないの、パスタはどうなの、と思われるかもしれません。一汁一菜という提案は、なにもストイックな健康法を目指しているわけではありません。私自身、パンも食べますし、洋食も中華もおかずにして食べています。

要するに、「一汁一菜というスタイル（考え方）」が基本であればよいのです。持続可能な一汁一菜のかたちをいつも頭において、何をどう食べるのかを決めるのです。ご飯がパンに代わっても、一汁一菜はできます。パスタと味噌汁でもよいのです。一汁一菜の柱である味噌汁は日本人の健康の要であり、やはり味噌汁だけは意識的に毎日飲もうと思っています。ご飯の代わりにパンの日があっても、トーストにバターやオリーブオイルを添えて味噌汁を食べています。

味噌汁とパンなんて言うとビックリする人もいるのですが、意外とお年寄りのほうが自由で、平気で味噌汁にトーストを入れたり牛乳を入れたり、ご飯に牛乳を掛けたりしています。トーストを具にした味噌汁は五十年以上前のレシピブックにも載って

味噌汁は日本人の健康の要として
毎日飲もうと思います。
ご飯の代わりにパンだってよいのです。
それで充分、一汁一菜になります。

います。このことに違和感を覚えるのは、和食にはバターを使ってはいけないとか、イタリアンはこういうもの、フレンチはこういうものという情報に感化されているからです。

外国の食文化をそのまま真似《まね》しなくてもよいから、一汁一菜の中に外国料理を取り込むという考え方です。一汁一菜というスタイルを守りながら、和洋折衷でよい。家では「あるものを食べる」ということでよいのです。料理をしない男性でも、あるものを食べることはできます。だから、普段家族の料理を作っている女性も、帰りが遅くなるとき、変に気を使う必要もないと思います。パートナーに「適当に食べといてね」と言えばよいのです。そのほうが適当に自由に食べられるのですから、放っておけばよいのです。一人というのは気楽なものです。冷蔵庫のベーコンを炒めて、水を入れて煮立てた味噌汁で冷やご飯を煮込んで、ベーコン入りの味噌雑炊にして食べているかもしれません。それがけっこうおいしい。そんな日もあって良いと思います。これは生きる力が働いているのであって、食の乱れでも何でもありません。当たり前のことです。

作る余裕も時間もないのに、できっこないのに、おかずまで作る必要はないということです。それをやりはじめると良いことは全くありません。時間があっても、いろいろありますから、作りたくないときもあるでしょう。量が足りなければ、ご飯も味噌汁もお代わりすればいいのです。また、ご飯と一汁一菜しか食べないと決めても、現代の私たちは、おいしい和菓子があればお茶を淹《い》れる。季節の果物も食べるでしょう。人にいただいた珍味も食べてみたいと思います。一汁一菜にとどめようと思っても、すぐに結果として一汁二菜にも三菜にもなります。

一汁一菜だからといって、ご馳走を食べないと決めるわけではありません。いろいろな日があるわけで、それでよいのです。お肉料理もサラダも食べたい。休みの日にはゆっくりして、遅い朝食、早い夕食で、ご馳走を作って楽しんで下さい。一汁一菜というスタイルを基本にして、暮らしの秩序ができてくれば、おのずから様々な楽しみが生まれるものです。

おかずがあるときはそのぶん味噌汁の具の種類を少なめにします。焼き飯や炊き込みご飯は、おかずを兼ねたご飯です。味噌汁との兼ね合いを考えた献立にします。

いちばん上は、すいとんを茹でた湯に直接味噌を溶いたもの。
こうしたものは、一つのお椀の中で一汁一菜ができています。
これが一汁一菜というスタイルです。

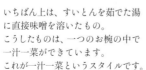

作る人と食べる人

ここからは、様々な視点と比較しながら、家庭料理の在り方と、私たちのアイデンティティである和食の良き未来を、考えてみようと思います。

現代の日本の食の状況を見てみると、レストランでは世界中の料理を食べることができ、だれもが外国料理のことをよく知っていて、家の中にも、これまで日本になかったスパイスや調味料、珍しい加工食品が並んでいます。これを、「日本の食は世界一豊かになった」と言うのです。でもおいしいものを食べるばかりが、食の目的ではありません。

家庭料理に関わる約束とはなんでしょうか。食べることと生きることのつながりを知り、一人ひとりが心の温かさと感受性を持つもの。それは、人を幸せにする力と、自ら幸せになる力を育《はぐく》むものです。

持続可能な家庭料理を目指した「一汁一菜でよいという提案」のその先にあるのは、秩序を取り戻した暮らしです。一人ひとりの生活に、家族としての意味を取り戻し、世代を越えて伝えるべき暮らしのかたちを作るのです。そしてまた、一汁一菜は、日本人を知り、和食を知るものでもあるのです。

プロの料理と家庭料理　考

「料理は食べる人のことを思って作る」と言われます。それも当然ですが、すべて食べる人の声を聞いてその要求に応《こた》えなさい、という話ではありません。近年、一流のプロのサービスマンの姿勢や精神、苦労とそのための努力が一般の人たちに受けるのでしょうか、様々なメディアに取り上げられるようになりました。そうしてこれまで客からは見えなかったことが広く一般に知られるようになると、「プロとはそうあるべきものだ」と客のほうが信じた。そのせいか、店側もそんな客をやたら持ち上げて、気遣うようになりました。そういう様子を察知した客は一層要求を言うようになったのです。デジカメやスマートフォンが一般的になり、写真を撮ってSNSなどに投稿するようになってからは、食べる側はお金を払っているのだから、平気で残してもよい、好きな食べ方をしてもよい、評価してもよいと考える人もいるようです。このように食べる人が偉いという風潮は良いとは思いません。

お店は、客の無理難題に応えることが正解ではないのです。良い料理とは、客とサービス、調理場、経営者の真ん中に浮かぶスープのようなものです。まっすぐこぼれない状態こそが健全であり、均衡を失ってどちらかに傾いてスープがあふれるようではいけないのです。本来、お店と客は対等な関係です。普段の人間同士の関係と同じです。飲食店であっても、淑女、紳士は想像力を働かせ、人の立場になって考え、テーブルボイスを守り、場違いなおこないはしない。そんな振る舞いのできているカップルは美しいと思います。

このようにプロの料理の目的は、コストパフォーマンスも含めて、調理内外のテクニックで適正に客を満足させることです。一方、プロの仕事に対して、家庭料理は無償だと、改めて言わなくてもわかっていることですが、念のために。プロの作る料理と家庭料理は全く意味が違うのです。家庭料理は、素朴で地味なものです。目的は自分と家族の健康です。ですから、なんでもありではありません。違和感のあることはいけません。そして、中くらいに、普通においしければ、まずはそれでよいのです。

家庭料理は毎日です。家族に子どもがいるならば、旅行にでも出掛ける他は自分の都合で今日はお休み、料理しませんというわけにもいきません。子どもたちにご飯を食べさせることは大人の役目です。どんな状況であっても、子どもには何かを食べさせなくてはならない。家庭料理の本質とは遊びでもなんでもありません、生きることそのものです。

食べ物は食べ物として差し出されている以上、安心で安全なことは当たり前です。家庭では、そもそも子どもたちが食べ物に疑いを持つことはなく、無条件で信頼しています。親はその責任を、自分の経験と愛情の力で乗り越えてきたのです。そうして子どものために一生懸命頑張ってお料理してきても、仕事が忙しかったり、いろんな事情で思うようにできないときもあるでしょう。子どもたちには悪いなと思いながら、ときどきは買ってきたお惣菜《そうざい》を作ったものと一緒に食卓に載せることもあると思います。でも親が作ったものかどうか、子どもたちは簡単に見分けてしまいます。何も言わなくても、親のすることはみんなお見通しだと思います。なぜなら、それまでにお父さんやお母さんが頑張ってきたおかげで、子どもたちは多くのことを身につけてきた、だから気づくようになったのです。そして何も言わないほうがよいことも、今もお父さん、お母さんが一生懸命してくれていることも、子どもたちはちゃんとわかっているのです。

人間の暮らしでいちばん大切なことは、「一生懸命生活すること」です。料理の上手・下手、器用・不器用、要領の良さでも悪さでもないと思います。一生懸命したことは、いちばん純粋なことです。そして純粋であることはもっとも美しく、尊いことです。それは必ず子どもたちの心に強く残るものだと信じています。親が一生懸命生活していることが、教育の本質であり、たとえそのときは親の気持ちを理解できないことがあっても、いずれ子どもたちは経験を更に重ねて、大人になればきっとわかるようになります。「見返りを求めない家庭料理は、命をつくる仕事」と、敬愛する清水博先生は教えて下さいました。*

＊清水博…東京大学名誉教授、NPO法人「場の研究所」所長、薬学博士。「いのち」の科学、生命関係学、「いのち」と場の哲学を専門とする。

家庭料理はおいしくなくてもいい

子どもの頃、大阪に住んでいました。近所に高名な作家が住んでいて、父と懇意にしていました。ある日の散歩中に父とその作家が出会い話したことを、後から聞きました。それは作家の奥様のことで、東京からフランス料理の有名な先生がお料理を教えに大阪まで来る。習いにいってもよいかと、聞かれたそうなのです。

作家は、「習った料理を家で作らないならよい」と答えられたそうです。場違いなことは、決して気持ちのいいことではない。いつも作ってくれる食事で自分は満足していますす、とても気に入っているのです、これからも変わらずおいしい料理をお願いします、ということでしょう。その頃の人は、家庭で料理屋のまねごとをするということに恥じらいを感じたようで、品の良いこととは思っていなかったようです。

家庭料理で言うところの「工夫」とはなんでしょうか？　それは、おじいちゃんが食べやすいようにもう少しごぼうを柔らかく煮ようとか、小さく切ろうということです。鉢に残ったものを、後で食べる子どものために小さな器に盛りかえてあげようということも家庭料理における工夫です。家族別々に違う料理を作るなんてことではなくて、ちょっとしたことでいいのです。ほんのちょっと、できることをするのです。食べるほうは、そんなこと気づきもしないかもしれません。でも、このお料理は自分のために作ってくれているということを無意識のうちに心に溜《た》め込んでいくのだと思います。

家庭料理ではそもそも工夫しすぎないということのほうが大切だと思っています。それは、変化の少ない、あまり変わらないところに家族の安心があるからです。そういう意味でも食べ飽きないものを作っているのです。

作り手が自分、食べ手も自分という場合も、外では野菜が摂《と》りにくいから味噌汁《みそしる》にたくさん入れておこうと、きっと無意識のうちにしていると思います。料理をする行為が純粋である場合には、良き食べ物を作るということが無意識にも含まれているように思います。作る人が食べる人のことを考えている。料理することは、すでに愛している。食べる人はすでに愛されています。

家庭の食事の経験はとても大きいものです。小さなときから大人になるまでのあいだ、いちばんたくさん聞かれる言葉は、もしかしたら「おいしい？」ってことかもしれません。子どもは「少し濃い」とか、「今日のはいつもとちょっと違うね」と答えるようになります。「へー、よくわかったね。その野菜はおばあちゃんが作った野菜を送ってくれたんだよ」。

家にある材料は、いつも新鮮なものばかりではありません。当たり前ですが、うまく煮えない芋もあるし、残り物のおかずが傷《いた》みかけていることもあるでしょう。「冷蔵庫の野菜入れの底で忘れていた芋だよ、ごめんね」「これ傷みかけてる、もう食べないで」。ただ、おいしいか？　まずいか？　というだけではないのです。

私が子どもの頃、風邪をひいてお腹《なか》を壊すと母がおかゆを出してくれました。おかゆは少しずつ味が濃くなって、治る頃にかれいの煮付けを炊《た》いてくれました。かれいは白身の魚で、消化が良くて、身離れがよいから食べやすいのです。そのかれいを兄は母にむしってもらって食べていました。私は一人で一生懸命食べていたら、「上手に食べるね。魚をきれいに食べる」って褒めてもらったのです。それが嬉《うれ》しくて、それ以来、魚はきれいに食べようと思ったのです。

食育では、一緒に食べることの大切さ、家族揃《そろ》って食卓を囲むことの大切さが説かれます。けれど、商売をやっている家庭や、親が働いている家庭では、一緒に食卓を囲めないのは当然で、親が用意した汁を自分たちで温めて、子どもだけで食べる。そんな家庭はたくさんあると思います。それでも、大切なものはもうすでにもらっています。それが手作りの料理です、愛情そのものです。だから、別に一緒に食べることばかりが大切じゃないのです。

だれもいない夜、両親の帰りが遅いとき、鍋焼《なべや》きうどんの材料が全部入った皿が台所に用意してあったら嬉しいでしょう。うどん、鶏肉《とりにく》、かまぼこ、しいたけ、ねぎの切ったものが入っています。一人用の土鍋に入れて、だし汁をはって火にかけて煮立てて、うどんを煮込みます。熱々の鍋焼きうどんをテレビの前で一人で食べた夜は、私にとって大切な思い出です。

家庭料理が、いつもいつもご馳走《ちそう》である必要も、いつもいつもおいしい必要もないのです。家の中でありとあらゆる経験をしているのです。ぜんぶ社会で役に立つことばかりです。上手でも下手でも、とにかくできることを一生懸命することがいちばんです。

作る人と食べる人の関係「レストラン（外食）」

作る人と食べる人の関係について、もう少し考えてみます。

レストラン（外食）では、様々な形態があって、作り手が目指しているものもいろいろです。ここでは、ある一つのレストランを次のように想定します。

レストランはビジネスですから、利益を上げないと成り立ちません。しかし、この店のオーナーシェフはただ利益を上げるだけではなく、料理という仕事を通じて多くの人を喜ばせ、それによって自らも進化したいという志を持っています。自分の料理でお客様をひとときのあいだでも幸せな気分にしたい。季節の野菜など親しみのある食材にはひと工夫を加えた料理を供し、家庭では食べられないような少々高級な珍しい食材も使います。おいしいことは当たり前として、また来ようと思うような特別な時間を過ごしてもらいたいと願うフレンチレストランです。

オーナーシェフと客を、作る人と食べる人の関係として表しました（次ページ）。シェフの「与え」（①）、客の「受け取り」（②）、客の「返し」（③）、シェフの「受け

【食事を楽しむための高級レストラン・料亭】
評価されるお料理、
利益の上がるお料理を作る

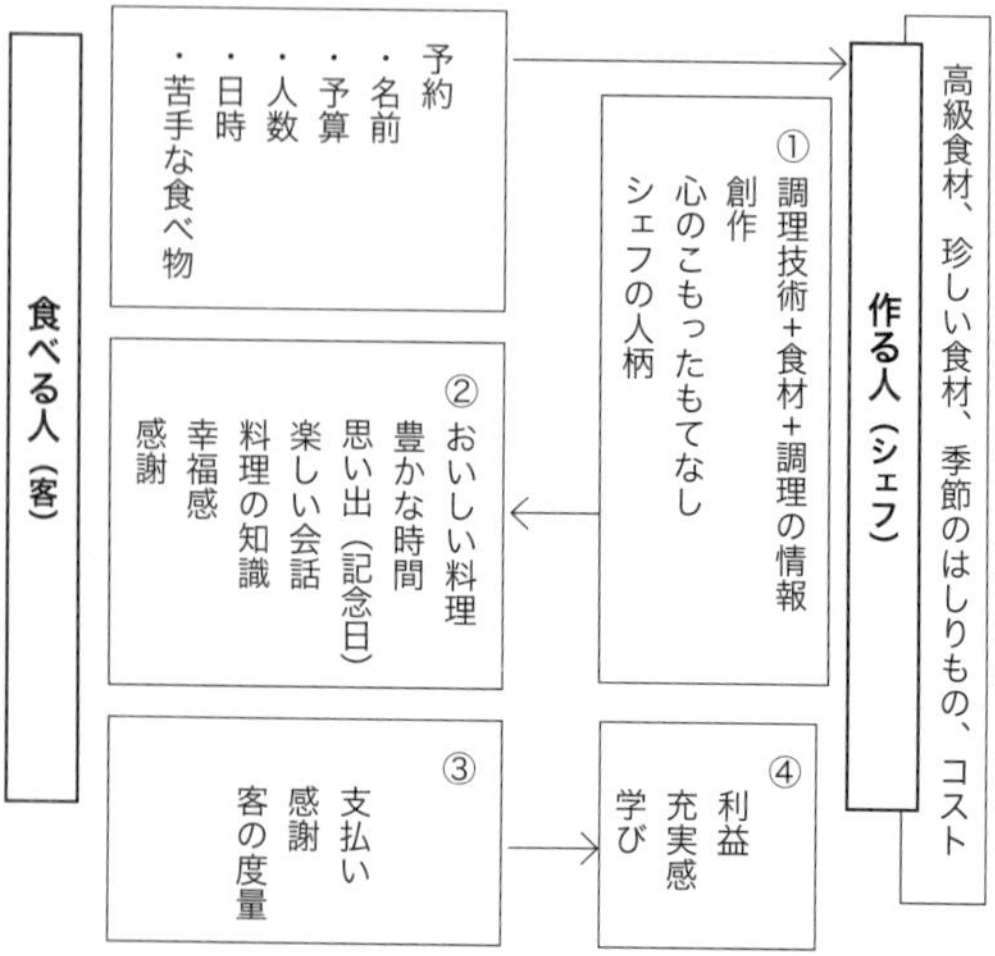

取り」(④)という行為の中に、どのような情報がやり取りされているのでしょうか。

シェフの「与え」(①)は、珍しい食材の由来、意味。インスピレーション(アイデア)。見た目の豊かさや美しさ。リッチなおいしさ。居心地とセンスの良いサロンと照明による落ち着き。心に残るエピソード(物語)など。

そこから及ぶ客の「受け取り」(②)は、好奇心を満たす新しい知識。珍しい食体験。豊かな気持ち。幸福感。

そして客の「返し」(③)として感謝、支払い、客の持つ社会的器量。シェフの「受け取り」(④)に充実感、

【チェーン店のレストラン
多数に好まれる定番料理を安価に提供する、
仲間との居場所を与える】

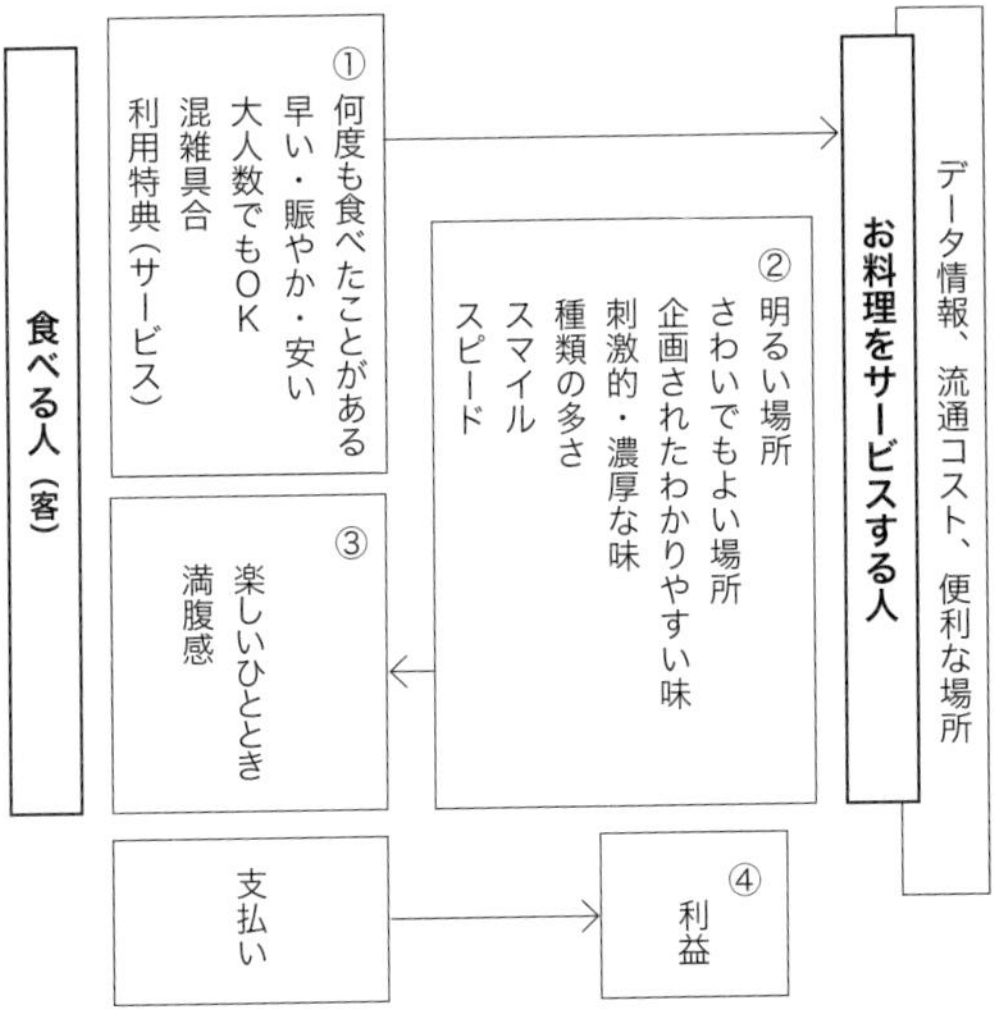

利益があります。

こういった食べる楽しみを目的として出掛けるレストランであれば、対価にふさわしい経験と情報のやり取りがあって、シェフと客の関係もバランス良く円満で両者に満足感があって、信頼関係が生まれます。

しかし、オーナーシェフのいないチェーン店のレストランであれば、客の目的もおのずから変わってくるものです。求めるもの（①）は、リーズナブルな値段、スピード、刺激的な味、満腹感、そのときの状況（人数など）でしょうか。それに対応する料理は、早くサービスできて多くの人から好まれ

【コンビニ食】
簡単、便利、安価

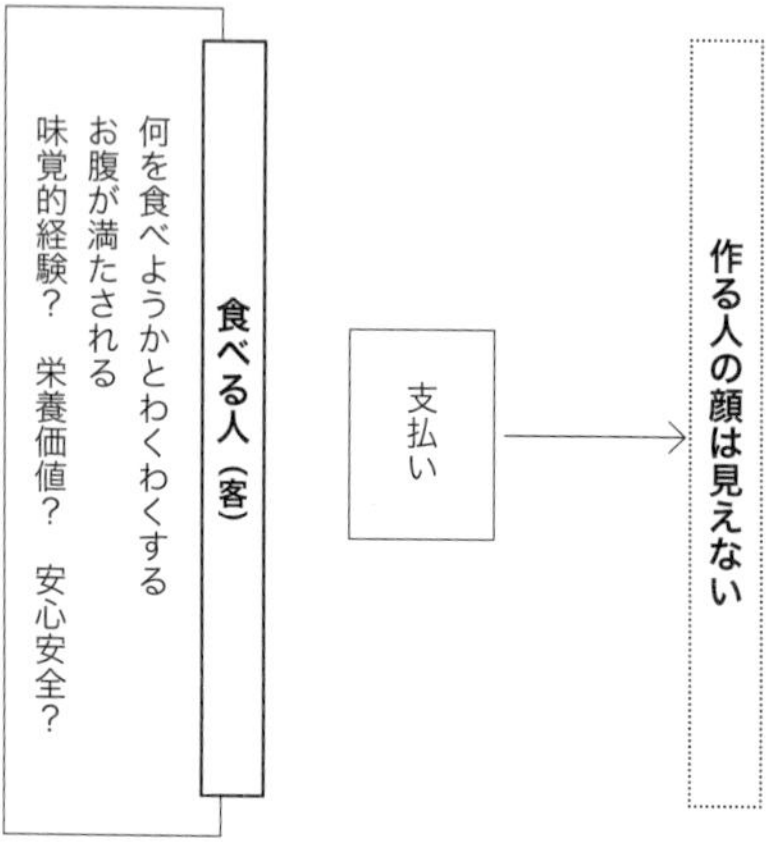

ているもの（たとえばハンバーグやパスタ、カレーなど）です（②）。
　そうした場合の情報のやり取りはおのずから少なく浅くなって、客の受け取り（③）は、料理による満足感プラスアルファ程度の楽しみがあれば満足とします。客からは作り手の顔が見えず、店の受け取り（④）は売り上げのみということになります。そうなるとやり取りされる情報はかなり少なくなります。
　一回の食事を、コンビニで求めたお弁当やおにぎり、パンで済ませたとき、作る人と食べる人という関係はなくなり、食べる人だけがそこにあって、情報のやり取りは何もありません。

作る人と食べる人の関係
「家庭料理」

家庭料理とは、家族の命を育むものとして毎日おこなわれる行為です。

お料理を作る人は、自分の経験と状況・条件である料理の背景となるものをふまえ、食べる人である家族の条件・状況をできるだけ考慮（計算）して、作ります。食べる人は、作ってもらった料理を通して、お腹を満たすだけでなく、作る人の考えていること、その料理の背景にあるものを受け取ります。そして、料理を食べる家族の様子や言葉から、作る人もまた多くのことを受け取っています。

作る人を母親・父親、食べる人を子どもとすれば、母親の「与え」（①）、子どもの「受け取り」（②）、子どもの「返し」（③）、母親の「受け取り」（④）という両者の行為の中に、無意識を含めた無限の情報のやり取りがなされています（次ページ）。これが毎日三食行われるのが、家庭料理という場です。

【家庭料理　毎日のおこない、命を育むもの】

お天道様（自然）

①経験／知識、性格、食文化、しきたり…
条件／季節、その日の天気、予算、食材、時間
（調理能力／調理技術、調理時間）

作る人（母親・父親）

働く
運動する
お昼に何を食べたか
何時に食べるのか
その日の食欲
好み
体調

②愛情
生きる力
自信
会話
征服
安心、喜び
思い出
知恵
つながり
マナー（ハレとケ）
伝統文化（季節感）
健康、栄養価値

④幸福感
情報
（察すること）

③情緒
健康状態
成長、変化
「いただきます」
「ごちそうさま」
幸福感
愛情・感謝
親孝行

食べる人（家族・子ども）

母親の「与え」（①）には、母親の置かれているその日の状況・条件（季節、月日、曜日、余裕の有無、精神状態、材料の有無、調理に使える時間、予算など）と、それまでに母親の積み上げてきた経験（お天道様、自然、食材の知識、調理能力、性格、趣味嗜好《しこう》、食文化としてのマナーやしきたり）が料理の背景としてあります。そこに食べる人の条件（年齢、性別、好き嫌い）・状況（生活行動、情緒、健康状態、その日の腹具合）を重ねて検討（計算）して、料理を作ります。

子どもの「受け取り」（②）では、母親の愛情（情緒）、満足感、栄養価値とともに母親の状況・条件、経験を丸ごと食べる（受け取る）のです。

子どもの「返し」（③）では、情緒、健康状態、成長、変化、生活状況などを返信します。

母親の「受け取り」（④）は、子どもから発信されたものと合わせて、子どもの食後の満足を含む情緒を受け取ることで、幸福感をもたらしてくれます。

一回の食事では、普段意識しているしていないに関わらず、現実と情緒という大量の情報がやり取りされています。これが毎日複数回、繰り返されて、食べる人に経験として蓄積されていきます。この情緒のやり取りが子どもの情操を育てます。

そして、情緒のやり取りからデータとして身体《からだ》の中に蓄積したものによって、物事を判断する基準を持つことになります。自分の中で揺らぐことのない、変化しない「定数」が生まれるのです。経験がなければこの定数は持つことができません。定数がなければ、比較できませんから、判断ができないことになります。食における定数とは、一つの食べ物を見たときに、安心して食べられるかどうか、おいしそうかおいしそうでないか、おいしいけれどもこのおいしさはどういうものだろうか、この変化はたぶんこのようなことが起こっているからじゃないか……と観察し、判断する能力です。じっくり考えるものではありません。その判断を無意識のうちに一瞬にしてやるのです。それは直感です。

料理の評価とは、おいしいかおいしくないか、白か黒かという平面的なものではなく、その料理の性質（料理に含まれる様々な食の情報が立体的なグラデーションとして現れるもの）を瞬間的、かつ正確につかむ（読み取る）ことです。そしてもちろん、定数は食べ物に対する判断力だけでなく、人間を見る目、ものの良し悪《あ》しの区別、本物と偽物《にせもの》を見分ける力、想像力を養う根幹にもなってくると思います。それは、子どもが大人になったとき、生きる力として現れ、良き思い出とともに、将来繰り返し要求される判断を間違いないものとするのではないでしょうか。

食事の体験を以《もっ》てアイデンティティを作り、人を幸せにする力を持つのです。それは、自ら幸せになる力です。

基準を持つこと

判断する基準を持つとは、これまで経験したものと、初めて経験するものの違いに気づくことでもあります。

料理屋の仕事というのは、お客様を喜ばせることです。季節を先取りして、初物があれば献立の中に忍ばせて、季節の移ろいをお客様に知らせます。また、暖かくなれば、たくあんの切り方を変えて繊維に沿って切ることで、歯ごたえに小気味の良さを出すのが季節の気分です。座敷を夏向きのしつらいに変えることも、新しい絵を掛けることも、建物を少し普請《ふしん》することも同じです。そういった小さな変化に気づいて下さるお客様は、料理屋にとって嬉しいことです。ましてや、褒められれば一層嬉しく、気づいてくれたそのお客様を、「あの人はやっぱり偉い人だな」と思って尊敬するのです。

一方、客側にとっても、教えられたのではなく自分で気づくことは小さなことでもそれは閃《ひらめ》きですから、パッと心が開いて嬉しいものです。そういう閃きのある人を「もの喜びできる人」と言います。仕事をしていますと、何より喜んでくれる人が嬉しいものです。喜んでくれる人は、わかってくれる人ですから、わかってくれる人にいいものを買ってもらいたいと思います。もの喜びできる人は、ご本人はきっと気づかれていることと思いますが、どこに行っても、ずいぶんと得をされていると思います。

もの喜びするとは、感動できること、幸せになることです。人の愛情や親切に気づくことができるのです。愛情を感じる能力です。料理を作ってもらったという経験を毎日三度繰り返すことで、愛情をたっぷりと受けていたら、当然かもしれません。無償の愛を受けていたからこそ、人にも愛を与えることができるのでしょう。これこそ愛のリレー、清水博先生のいう「与贈循環」です。清水先生によれば、よく言われる「贈与」とは自分の名を残し、見返りを求めるもの。対して「与贈」とは、自分の名を残さないで与えるばかりのことを言います。人間は自分以外の人のために何かをすることこそが本質であり、その与えがまた新たな与えを生み、やがてそれはみずからのところに戻ってくるのだという思想です（茶の湯におけるもてなしの場である茶事の料理、「茶懐石」のような理想の和食では、盛りつけたお料理から人間は消えていなければならないものです）。

人は五感と経験に照らし合わせて、良い食品か悪い食品かを判断し、更にお料理から楽しみや様々な感情を得ることができます。それは、そのお料理を五感で感じる以上に、背景にある情報も認識しながら、判断し、楽しみ味わっているからです。もし、その背景にある情報がゼロで、作り手も食材もわからない未知なるものを食したとき、人はそれをおいしく感じることができるかと言えば、ほとんど何も感じることはできないと私は考えています。

食経験のある食べ物、特に良い印象があるものは、すでに充分な情報を持っています。そのとき人は五感を働かせて、食べる以前に「これはおいしいもの」とわかりながら食べる。あるいは「今日のは少し固そうだ」とか、季節を思って「まだ時季が早すぎるからどうかな」と、自分の基準と照らし合わせ、経験の幅の中で、ときには疑いを持って食べることもあるのです。

ただ、こうして書き表すように順を追って考えながら食べているわけではありません。全く瞬間的に無意識に全身が判断するのです。そしてその予測はきわめて正確なものです。仮説ではなくて確信がある。理屈では説明できないとしても間違いのないものです。すでに多くの日常の食経験によって、自分自身に確かな基準を持つことができているということです。そして、その自分の判断基準を超えるような素晴らしいものに出会ったとき、人は感激、感動するのだと思います。予想を覆《くつがえ》されたときは残念ですが、「どうしてかな」と考えて答えを出すことで、より精度の高い感受性を持つことができる。それは、知識と経験がつながることで、知恵を働かせることになります。自分自身で気づき、発見することはかけがえのない喜びです。

ここに一つのお茶碗《ちゃわん》があるとします。それは、それまでの自分にとっては価値のなかったものです。茶碗を手にして眺めても、自分は何も思わない。ところが、自分が尊敬する人や信頼できる人に「このお茶碗はとてもいいものですよ」と教えられると、それまで何も感じなかったお茶碗をとたんに魅力的なものに感じた、このような経験はありませんか。自分がまだ未熟なときに起こることですが、そういった経験を重ねることでも、物事の基準が身についていきます。

両親が「おいしい、おいしい」と喜んで食べる様子を子どもたちが見て育てば、幼いときに嫌い嫌いといやがっていたとしても、いつか好んで食べるようになるものです。子どもにとっては食べ物がすべてであり、そこから本当に多くのことを学び、身につけ、自分の生きる力となっていることがわかります。

ですから、そのような経験を子ども時代にしっかりとしてきた人であれば、きっと判断する力は自然に備わっているものでしょう。親が伝えてくれた情報の価値は非常に重いので、経済活動のための薄っぺらい情報や誘惑に出会っても、揺らぐことはありません。あらゆる物事を判断する基準ができているからです。

すべてのことは基本が大事です。基本を身につけなければ何もできません。食を見知らぬ人の手に委《ゆだ》ねるのであれば、情報を鵜《う》呑《の》みにせず疑い、善し悪しを見極めて、食べ物を選ばなくてはなりません。「おいしいもの」という判断基準だけでは、必ずしも良い食品を選ぶことはできなくなっているようですから、その食品の持っている情報を調べて、良い食品であるか、悪い食品であるかを判断するべきでしょう。良い食品の条件は、環境に悪影響を与えない、生産者にとっても、消費者にとっても有益で、自然のように循環して持続可能であること。人を傷つけることの決してない、命を養う食品です。

現代社会では、情報に現われていることは少なくとも本当であると、権威を疑わない人も多いように思います。あるいは、食べ物のことなどたいしたことではない、と深く考えない人もいるのでしょう。食はあまりにも身近なことですから、日常的に気遣っていられない、いちいち関心を持っていられない。そこに落とし穴があります。

どのくらい自分の食に意識を持つべきか、その考えは人さまざまですが、少し意識することで、その積み重ねによる結果は、未来のいろいろな面において、違ったものになることは確かです。

おいしさの原点

和食の感性
考えるよりも、感じること

二〇一三年十二月、和食（日本人の伝統的な食文化）がユネスコの無形文化遺産に登録されました。その理由には、日本の豊かな自然を背景として、

一、素材の持ち味を尊重する（旬《しゅん》を楽しむ）
一、栄養バランスに優れた健康的な食生活（動物性油脂をあまり使わない）
一、暮らしの行事とともにある（節句のちらし寿司《ずし》やおせち料理）
一、自然の移ろいを表現する（美しいプレゼンテーション）

があります。これはまさに、日本の国民の健康と暮らしの情緒に関わる家庭料理のことだとわかります。にも拘《かか》わらず、メディアは、名のある和食の料理人ばかりに、マイクを向けるのはなぜでしょう。どうして、日本の家庭料理を担《にな》ってきたおばあちゃんや母親のもとに、行かないのでしょうか。

日本には、自然の恵みに感謝して暮らす、お料理上手な方がまだまだ大勢いらっしゃる。「おばあちゃんのお料理が、無形文化遺産になったんだよ。すごいね、よかったね。おめでとう」と言ってあげて下さい。学校の先生は生徒に、おばあちゃんやお母さんの家庭料理が世界で認められ、大切に守るように決められたこととその意味を、教えてあげて下さい。

暮らしの文化を担い、伝えてきた日本の女性たちの家事は社会的にリスペクトされず、褒められることがあまりありません。残念に思います。

無形文化遺産の登録理由の大前提にあるのは「自然を尊ぶ」ことです。季節の移ろいの中にある滋味を楽しみとします。(最近ではそうとも言えないのですが)旬をはずさないのは日本人と野鳥と獣だけ……というのは少し大げさですが、旬の楽しみ方の幅、細やかさ、深さを考えれば、まんざら嘘《うそ》でもありません。特に旬を「はしりもの」「さかりもの」「なごりもの」の三つに分けて、交差する生命のはじまりと終わりを五感で感じ、意識するところにそれは現れています。すべて季節に添うところにあるという和食の感性は、私たちの身体《からだ》が秩序を持って大自然とつながることを、情緒というかたちで気づかせてくれているのです。

情緒的なものは、静かなところに現れます。調理中の小さな変化によく気を配ると、音や色、匂《にお》い、感触といったものに忍ばせて、伝えてくれているのがわかります。食材という自然に逆らうことなく、自然に添うように、（強引ではない、無理なく）進めることで、雑味のないきれいな味が生まれます。食材を傷つけぬようにすること、食材の気持ち良さそうな表情を感じ取ること。澄む、きれいといった心地よさの中に、その正しさの証《あかし》はあるのです。静かにしていると、ハッと心映えする瞬間が、調理の途中にはいくつもあります。お料理するとき「いいなあ」と思う心を、調理の道標《みちしるべ》にして下さい。

和食は、世界の料理と比較してもユニークだと言われます。それは、料理するにも、食べるにも、おいしさだけを求めているのではないからです。脳が喜ぶ刺激的なおいしさと、細胞の一つ一つが喜ぶおいしさを区別して、楽しみ分けている、ということです。前者のおいしさは、肉の脂身《あぶらみ》のようなわかりやすいもので、言うまでもありません。後者のおいしさは、季節の菜のアクを取り去った静かなところにあり、考えることではなく、感じられるものです。和食のおいしさは、視覚、聴覚、触覚、嗅覚《きゅうかく》、味覚の五感をすべて働かせて味わい、感じたことを意識化したものなのです。

「目で食べる」と言われるように、お料理を見ればおいしそうかどうかが目に見えるのが和食です。それは、飾り立てた美しい料理という意味ではありません。目、耳、肌、鼻、口を総動員して、おいしさを感じ取るのですが、食べることと直接つながらない口以外の感覚を、目に代表させている言葉です。私たちは五感を研ぎ澄ませ、素材そのものを知ろうとしているのです。

茶事の料理などは、まさに五感を使ってその極まりを味わう機会です。集中して料理を味わう、非日常的な場です（ケと区別してハレの場とも言えるでしょう）。一汁一菜のような日常（ケ）の食事と茶事の料理の違いは、一つの料理を混ぜないで、際立《きわだ》ちを味わおうとするところです。茶事の料理では、ご飯さえも「まだ蒸れていないご飯」「よく熟《う》んだご飯」「おこげの湯炊《ゆだ》き」と、ご飯の人生とも言える「はしり」「さかり」「なごり」のタイミングに合わせ、三度供されます。

日常の食事では、ご飯は最初からあるものですから、そのご飯と合う味噌汁《みそしる》や菜（おかず）を交互、または一緒に食べます（そういった日本人の食べ方は「口中調味」と説明されています）。

ただし、日常の食事でも、五感を使って微妙なる滋味を味わい楽しむことがあります。全くご飯に合いそうもないおかずが、日常の楽しみとして四季折々、食卓に載せられるのです。春、うす味で煮たたけのこ（若竹煮）、色を生かしたえんどうの青煮。夏、つるりとしたじゅんさい。秋、風情《ふぜい》の良い土瓶蒸し。冬、ぬくもりを味わう湯豆腐……。こうしたことは「日常の中の高貴性」とも言え、日本の家庭料理が持つ一面です。

つまり、日本人は五感を集中して味わうべきものを、ハレとケのその両方で楽しんできたのです。それをふまえて、ここでは、ハレの場の極まった五感（視覚、聴覚、触覚、嗅覚、味覚）の味わいを、一つ一つ考えてみたいと思います。それはまた、ケの食事の中にも、日常の高貴性としてあるものでもあります。

【視覚】

私たちは、「風にあたった刺身は食えない」と、鮮度が損なわれたものを目で読み取ります。豆腐は、白くて角《かど》があってスッキリとしたものですが、丸い皿に正方形の豆腐を入れて、ねぎと生姜《しょうが》を添えるだけで、軽やかで美しい景色を作ります。

私たちはそこに、何を見ているのでしょうか。人間でも「様子のいい人」「姿の良い人」と言いますが、それは単に見た目の美しさだけを言っているのではありません。内面を映し出す人の振る舞いや、言葉に現れるもの、すべてを合わせて言うのです。

同様に、私たちは、お料理や食材の表層からまだ味わう前の美味を見ているのです。経験を生かし、今そこに見えているもの以上のものを見るという、美を感じ取る感受性です。これは、加工度の低い、素材を生かした和食であるから見えているのです。

柔らかく崩れやすい豆腐や、鮮度の良いお刺身がきれいに盛られるところに、そこへ至る仕事の確かさが表れているのです。それは、火を入れない料理であっても、安心、安全が保証されているのです。美しいゆえに、料理を信じることができる。また、全く同じ材料で作られた上菓子であっても、季節の風情を表現されたその姿から、イメージを膨らませることで、味まで違って感じられるものです。

【聴覚】

まずお料理をする音を考えてみます。台所から聞こえてくる音は、おいしいものができる音です。ですから、それを聞くだけで人は幸せな気持ちになるのです。調理のいい音は、美味を生む適温を示します。反対に、違和感を感じる音は、雑味を作り、焦《こ》げつきなどの失敗を予測させます。たとえば、フライパンに卵を流したとき、鍋《なべ》の温度が適温であれば、とてもやさしいジャーというい い音がします。それは、卵がふっくら焼ける音です。温度が高すぎてチュッという痛い音がすれば、卵はやけどして味を悪くし、鉄のお鍋ならくっついてしまうのです（もっと言えば、いやな音は強い化学変化を起こし、身体を傷つける毒素ができる音かもしれません）。

台所のおいしい音にはいろいろあります。すり鉢に、香ばしく炒《い》った胡麻《ごま》を入れて、硬い山椒《さんしょう》の木のすりこぎでするると、とてもいい音がします。いろりの鉄瓶の湯の沸く音、味噌汁を煮る音は、美しい響きを奏《かな》でています。

茶室や居間の美しい音は、静けさの中にあって際立つものです。何も音がないところに、松葉を抜ける風の音や、虫の音、落ち着いて美しく振る舞う人の音、三味線の音が聞こえるのです。静かなるものに、心地よい音の情緒が現れます。きれいな音は、「音がない」状態と対極したところにあるのです。

【触覚】

日本語では、擬音語や擬態語が日常的によく使われます。こりこり、かりかり、さくさく、がりがり、つるつる……。それぞれの食べ物を「食べる」ときに出る音のように思われていますが、これは、料理の「触感」を伝えています。日本人は、オノマトペに表現されるような微妙に異なる刺激のニュアンスを、正確に共有できるのです。

日本には多様な触感の楽しみがありますが、比較にならぬほど、外国料理の触覚の楽しみは少ないものです。ざる蕎麦《そば》をすする音にしても、それは、蕎麦の心地よい喉越《のどご》しを伝え、触覚を楽しむためには必要な音ですから、本来嫌われる他人の食べる音であるにも拘わらず、許容される以上に親しんでいるのです。

お料理の温度も刺激ですから、触覚です。ふぅふぅとするほどのあつあつ、頭が痛くなるような冷たい氷のひえひえを好みますが、どちらも過ぎると、味蕾《みらい》で感じるべき味がわからなくなります。ゆえに、私たちは味を犠牲にして、触覚を優先させているとも言えるでしょう。意外と思われるかもしれませんが、日本人は、味蕾で感じる味を曖昧《あいまい》にして、あまり気にさえしていないように思われるのです。

欧米にはそもそも、和食のような触感や温度を楽しむ習慣はありません。彼らがおいしいと感じる温度の幅が狭いのは、味覚と嗅覚を優先させているからです。その反対にある和食は、視覚と触覚を重視した料理とも言えるでしょう。

【嗅覚】

私たちは、いやな臭《にお》いから鼻を遠ざけ、いい香りがすれば鼻を近づけます。おでんや、お蕎麦のおだしのいい香りは、食欲をそそるものです。また、調理中のいい匂いは、おいしいものができることを示しています。その反対に、鮮度の落ちた魚、傷《いた》みかけたものは必ずいやな臭いをともなって現れます。「におい」を文字にするときも、良いものは「匂い」（匂いは視覚的な色を表すこともある）、いやなものは「臭い」と書いて区別します。

目で見てなんとなくあやしい食べ物を、「大丈夫かな」と臭いで判断します。臭いは、空中に浮遊する雑菌や、雑菌が繁殖しやすい環境から発散されるものですから、常に臭いをあやしみ、臭いのないことを良しとします。ですから、強い匂い（臭い）のするニンニクやニラは、長く匂い（臭い）が残ることを嫌って、茶事の料理では使われることはありません。これは、日本人のきれい好きとつながりますが、何も匂い（臭い）がしない、というところに安心があるのです。匂い（臭い）のないところに、木の芽、柚子《ゆず》、わさびといった繊細な香りがふと現れて、またすぐになくなるような儚《はかな》さを、美しい香りと感じるのです。

【味覚】

日常の食事においては、焼肉のおいしさや西洋料理、中国料理の濃い味は、直接的に脳に働き掛けられるようで、無条件に快感として伝わり、おいしいと感じます。そういったおいしさはストレス解消効果さえあると思います。ゆえに仕事の疲れをねぎらい、仲間とおいしいものを食べる喜びは、現代におけるハレの日ともなるのです。

そういったおいしさは、わかりやすくて、だれもが楽しめるものですが、和食のおいしさである味覚は、全く違った感じ方（見方）をしています。また、それは日本人の持つ特別な感受性（和食の感性）でもあるのです。

素材を生かすことが、和食の理想です。その洗練されたおいしさはどこにあるのかと言いますと、アクを抜いた、白くした、雑味をなくした、食材の核のようなところに、あるのです。玄米を白米にすることも、吟醸酒を造る米の表面を深く磨くことも、そのような考えから生まれたものです。雑味や雑臭のあるところでは、感じることもできなかった、微妙で繊細な美味（または美香）があるのです。

魚は水洗いして（ウロコ、エラ、内臓、血を除き、水分のふき取りを完全におこなうこと）、野菜は食べられる皮を剝《む》きます。その内臓や、皮には、濃いうま味も栄養価もありますが、雑味、雑臭、毒もあるでしょう。それをのぞき捨てて、きれいなところを食べるのが和食の感性です。

中国やヨーロッパでは、豚の内臓や血も一切無駄にせず、ソーセージなどに加工して食べます。しかし、日本では、ほとんど筋肉しか食べないし、魚のアラ（頭や骨）

もハレの場では使わず、ケの料理の食材とします。きれいなものを極めて生かすのですが、それと同時に、不要であるとしたものを捨ててしまうのです。「もったいない」が日本の心として世界に評価されていますが、実はびっくりするほどもったいないことをするのも日本人です。浄《じょう》、不浄《ふじょう》の区別、清らかなものと清らかでないものとしての穢《けが》れの発見が、あらゆるものに対極性を持たせる観念を、深く根付かせたのでしょうか。輝く光は、深い闇《やみ》を作るものです。物事に尋常ではない清らかさを求めるがゆえに、闇が現れて、両極の二面性が表裏にあることを無意識のうちに感じ、無意識の行為として、その両方を当たり前におこなってきたのです。今、私たちは、自分たちの内にある両面性を認め、目を伏せず、当たり前でないものとして意識的に考えることで、稀有《けう》な日本人の高貴性を失わず持ち続けることにつながると考えています。

和食の調理は濁りを嫌って、きれいに澄むことが大事です。物事がうまくいけば「すみ（澄み）ました」といい、うまくいかなければ、「すみ（澄み）ません」と謝ります。鍋料理を囲めば、お約束のように、だれかがアクを取っています。それは、毒を除く、デトックスになっているのです。健康になるために栄養価の高いものを丸ごと食べるという「一物全体《いちぶつぜんたい》」的な観念もありますが、病気にならないために、身体を傷つけるようなものは口に入れないという健康法が、和食調理にはおのずから備わっています。ですから、和食の技術で正しく調理されたものは、雑菌が少なく、まずくなるリスクは少なくなります。これは現代の衛生管理という理論や技術と重なって、更に健康につながります。新しい科学を学ぶ前から、日本人は習慣的に身につけていたことなのです。

食材の中に隠れていた真性を、アクを抜くことで澄ませ、際立てることは、日本人がもっとも好むおいしさの表現となっています。だから、キレ味（後口が良い）、すっきり（雑味のない）、軽《かろ》み（重くない）といった和食の味の表現は頻繁に用いられ、よく耳にするのです。

一本の木から仏像を彫り出すことはマイナス的彫刻と言われ、粘土を加えて造ることをプラス的彫刻と言います。そういう意味では、和食はマイナス的料理です。アクを除くことで、ときに味も栄養価値も失うことになるのですが、完全ではないにしろ、無味化することを喜ぶのです。澄んだだしを尊ぶのは、無味化したものに、うま味という味の質感を補うという考え方です。味蕾で感じる味の不足は「目で食べる」という視覚や、触覚で充分に補われているのです。

縄文人の料理

約七百万年前、我々の祖先は二本の足で立ち上がることで両手を自由に使えるようになり、類人猿と決別します。約三百万年前には、最初の道具である石を手に持って肉をつぶして柔らかくして食べました。百六十万年前には石器などの武器を作り、協力して大きな獲物を獲《と》るようになりました。そしておよそ八十万年前に火を利用するようになったと言われているのです。

火があれば、夜も明るくて、暖かく、寒さをしのげるし、恐ろしい獣は近寄らない。だから今の私たちも火が燃えるのを見ていれば、なんとなく落ち着いて安心できるのでしょう。火の中に肉の塊を入れればジュージューと焼けて香ばしく、また嚙《か》み切れるほどに柔らかくなるのです。

土器が作られるようになると炒《い》（煎）る、煮る、蒸すという加熱調理ができるようになって、それまで食べられなかった木の実や植物が食べられるようになります。食材を切り、つぶし、加熱した料理によって、類人猿のように長時間、口をモゴモゴと動かし嚙み続ける必要もなくなり、飲み込みやすく、消化しやすい食べ物を得られるようになったのです。

ハーバード大学教授・生物人類学者のリチャード・ランガム氏は著書『火の賜物《たまもの》』の中で「人間は料理することで人間になった」としています。ゴリラやチンパンジーなど類人猿から人間への進化の過程を、料理という行為で説明しています。料理によって食べ物が柔らかくなることで、嚙みちぎるためにあった大きな顎《あご》はいらなくなり、すっきりとした顔立ちになりました。消化しやすくなった食べ物が、大きな消化器も不要にして、大きなお腹《なか》をへこませてスマートにした。料理することで人間らしい姿になったのです。

食事と消化に費やされていた時間は料理することで大幅に短縮され、人間は余暇という時間を初めて持つことになります。更に、消化に使っていたエネルギーにも余裕ができて、その余分なエネルギーで脳を大きくして、知的な発達を遂げたのです。そもそも人間は、他の動物に比べて運動能力に劣り、力も弱く走るのも遅い。しかし、発達した脳で言葉を使ってコミュニケーションをとり、協力することで身を守り、一つの大きな力に変えて、地球生物の最上位になっていきます。

約一万五千年前の縄文土器には、調理の痕跡《こんせき》が残るものが発見されています。*(1) 土器は考古学的に女が作っていたとされていますが、その土器を使って女は料理をしたのでしょう。縄文時代の女たちは、近くの海川や野山に食べられるものを求めて出掛け、春には貝を拾い、たけのこなどの山菜を摘み集め、夏には果物をもいで、秋には木の実を拾い、きのこを採り、芋を掘った。力が強く好奇心旺盛《おうせい》な男は集団になって、言葉を掛け合い、海や山に深く入り込み、遠くまで獲物を追い詰めて狩りをします。獲った獲物は持ち帰り、皮を剝《は》いですべてを無駄にせずさばき、恵みに感謝して肉を焼いて仲間やその家族に分け与えたことでしょう。

考古学者の小林達雄先生によれば、縄文という文化が一万年以上続いたのは、四季折々の多様な食材を食べることで、飢饉《ききん》のリスクをなくしたからだそうです。女性は採取した食材をきれいに洗ってから、湯の沸いた土器に入れたと私は想像します。神聖なる火の仕事（料理）を「魔法の道具（縄文土器）」を使っておこなったのです。食べられないものが食べられるようになるのは、たいへんなことだったと想像します。おいしいものができるというのは、まさに人間業ではないと不思議に思ったことでしょう。そして、温まる汁を家族の一人ひとりに丁寧によそい分けたのです。

鍋でできるお料理の特徴は、少しの肉でも大勢の人の空腹を満たし、身体を温めることです。捕らえた獲物の肉を火にかざして焼くのとは違います。煮たものは大勢が食べられますが、焼肉はそうではないのです。肉を焼いて食べることは贅沢《ぜいたく》なことであり、だから西洋では焼肉（ロースト）が今でもいちばんのご馳走《ちそう》、まさにカーニバルの料理です。一方、温かい野菜スープは、フランスでは家庭でもレストランの賄《まかな》いでも、学校の食堂でも、必ず作られ、出されました。温かい野菜スープは彼らにとって何より大切な、ほっとできるものなのです。西洋では、今でも家庭に招かれるとローストした肉は主人（父親）が切り分けてくれます。しかし、鍋を使って作る温かいスープ料理は母親が作ります。父親と母親、それぞれに料理があるのでしょう。

私たちの祖先は、一万年以上前の遠い昔から土鍋で汁や鍋料理を作ってきました。今も日本では冬になれば鍋料理が好まれています。そして、きれいに食べることをきびしく言われてきました。大昔から鍋奉行がいたのです。和食では、汁と鍋ものを区別しますが、「ケの汁」と「ハレの鍋」があったのではないかと思います。復元した縄文土器を使って当時の食事を再現しているのを見たことがありますが、食材を一緒くたに煮ていました。でもこれは間違いだと思います。きっと当時の人は、摘み集めた食材を丁寧に一つ一つ、別々に調理したと私は考えます。おいしいものを求めて料理する現代の私たちは、この理由を素材の持ち味を生かすためと考えますが、彼らは食材を大切に扱うがゆえ、そうしていたと思います。混ぜこぜにしないその結果として、おいしさにつながったのです。そうでなければ、今のように洗練された日本料理は生まれなかったはずです。私たちの料理は時代とともに洗練されていったものだとは考えにくく、最初から洗練されていたのではないだろうかと感じるものが多いのです。

日本料理は、人間の技術の進歩から生まれたものではありません。お天道様が作った食材はすべてが神なのですから、おろそかに扱うことはありません。そんなことをすればバチがあたります。神様がそこにいるように、手を洗って、きれいな手で触れ、一つ一つ料理をしたのです。食文化とは、気候風土とともに大自然を畏怖《いふ》し、神様を感じながら生まれたものなのです。

それは、おいしいまずいの区別のないころのことです。*(2) そのような食材との接し方があって、後年、自我が明らかになるにつれ、少しずつおいしさを基準にして、工夫を重ねていくことになります。しかしその工夫はとても慎重であったし、これからもそうであるべきです。

和食のように、手を洗うことを第一にする料理など周辺の国々、いや世界中を見渡してもどこにもありません。すべての学問は外からやってきたと言われる日本ですが、こういった食文化が日本にしかないのは、もともとここにあったものだからです。大陸から文字、学問、稲作、鉄器という強烈な文明を持った人々が、この弧島にやって来る前の出来事です[*(3)]。

*（1）世界最古と言われる土器は、中国湖南省で発掘された約一万八千年前のもの。近年まで最古と言われていたのは約一万六千年前の青森県大平山元《おおだいやまもと》遺跡の縄文土器。一万五千年前には土器は日本全土に広がっていたという。

*（2）おいしいまずいの区別のないころ…民藝《みんげい》運動を起こした柳宗悦《やなぎむねよし》が、わび茶に用いる井戸茶碗の美を説明するために、仏教の「無《む》有《う》好醜《こうしゅ》の願」をとって、「美醜の区別なきもの」と言っている。

*（3）弧島…『二重言語国家・日本』（石川九楊・著／日本放送出版協会）にある言い回しで、古代の島国・日本。

清潔であること

この東アジアの弧島（日本）の人々は、自然を畏怖し畏敬の念を持ち、八百万《やおよろず》の神をお祀《まつ》りしてつながり、抗《あらが》うことなく、自然を信じて親しみ、慎ましく暮らしてきました。三世紀末の「魏志倭人伝《ぎしわじんでん》」によると、その頃の日本列島に住んでいた倭人の習俗や地理について書かれた商人の記録には、「礼儀正しく、清潔な人々」といった意味合いを含むことが記されているのだそうです。

その後、時代が変わり、争いごともありましたが、縄文の人々の心の一片が、今も私たちの身体に残されているものと信じます。今のような文字のない縄文時代のこと、文献としては何も残されていないのですが、縄文から今でも引き継いでいると考えられることをいくつかあげてみましょう。

家に帰れば手を洗い、料理する前に手を洗い、食事の前にも手を洗う。靴を脱いで家に上がる習慣もそうですが、外から中に入るとき、神を祀る家（中）に入る「けじめ」としているのです。

お料理と人間とのあいだに箸《はし》を揃《そろ》えて横に置くのは、自然と人間、お天道様から生まれた恵みと人間とのあいだに境を引いているのです。私たちは「いただきます」という言葉で結界を解いて食事をはじめるのだと考えられます。

お茶碗《ちゃわん》や汁椀《しるわん》を手に持って食べることも、稲作以前、縄文時代の習慣ではないかと思います。箸は飛鳥時代に匙《さじ》とセットで大陸からもたらされたと言われますが、日本人は匙は用いず、箸だけを取り入れました。汁は椀を手に持って口にあて、直《じか》に飲みます。

このように、箸を横向きに置くことも、茶碗や鉢を手に持って食べることも、日本人だけの習慣です。また、調理においては、アクを除き澄んだ汁を尊び、鍋料理の具材の一つ一つの食べ頃を「煮えばな」としてきれいにいただくことも、和食ならではの食べ方です。

「お刺身」と「魚の生《なま》」は違います。私たちはただ鮮度が良いから食べるのではないのです。魚が獲れた後、それを宝物のように大事に扱い、内臓と鱗《うろこ》を除き、水で洗い、水分をふき取ります。三枚におろし、さく取りする。包丁を取り替えて美しい切り身にしたものを、皿の上に一つの景色を描くように盛る。この一つ一つの作業すべてにけじめをつけ、常に場を浄《きよ》めてから次をはじめる。魚をただの食材とは考えていないからです。

料理を「作る」と書いても、「造る」とは書きません。「造る」という字をあてるのは酒や味噌《みそ》の醸造であって、通常、人間が作り出すことのできないものです。そして刺身だけは「お造り」という字を書く。その意味が刺身にはあるからです。それは、魚を神と信じ、魂はお返しして肉を恵みとしていただく、古代の人の心です。アイヌの熊送《くまおく》りであるイヨマンテの儀式にも残されています。

私たちからすれば、貝の殻は食べカスであり、ゴミとして捨てられますが、昔の人にとって貝塚は送り場であり、恵みを与えてくれた魂を葬《ほうむ》るところとなります。

こういった縄文から持ち続けてきた性質は、「清潔・きれい好き」「もったいない」という感性として残っています。遠い昔から持ち続けている「けじめ」。「始末をする」とも言いますが、それは場を浄め、一度きれいにしてから新たにおこなうこと。この習俗は今でも慣習となって残り、他国ではできないほどの正確なものを作り出します。きれいなものを生むのは、決して手先の器用さではありません。

私たちは、「きれい」という言葉を日常で頻繁に使います。「きれい」という言葉には、美しいだけでなく清潔という意味が含まれ、更に、正直な仕事を「きれいな仕事」と言います。嘘偽りのない「真実」、打算のない「善良」、濁りのない「美しさ」という、人間の理想として好まれるものが「真善美《しんぜんび》」です。その「真善美」を「きれい」という一言で表してしまうのが日本人なのです。

和食と初期化可子

心を育てる時間

昭和三十二年生まれの私が子ども時代を過ごした頃は、路地を歩けば夕餉《ゆうげ》の支度をする匂《にお》いがどの家からもしてきました。その頃、主婦が料理を毎日作ることが当たり前でした。ある日、母は買い物に出掛けるのが遅くなって、急ぎ足で市場に向いながら、「午後になってから買い物に行くのは恥ずかしい」と話していました。市場から帰ってくると井戸端の流しで、菜っ葉を洗ってザルにあげ布巾《ふきん》を掛けておく。それを食事前にさっと煮る。冷蔵庫を開けても、ほとんど何も入っていなかったのは、買いだめという習慣がまだなかったからです。てんやもん（出前）を取るのも後ろめたさがありました。商売をしていた親戚《しんせき》の家で出前のうどんや丼《どんぶり》ものを食べるのが珍しくてわくわくしたものです。

料理は女性の仕事であって、料理研究家であった父親（土井勝）であっても買い物をして大根を買って帰るというイメージは全くありません。小学校では父親が料理の先生ということでからかわれることもありました。「男子厨房《ちゅうぼう》に入らず」の時代で、我が父であっても男の威厳として家で料理することはめったにありませんでした。

家の前の道路は未舗装で、雨が降れば水溜《た》まりだらけになりました。車もほとんどこないからキャッチボールは家の前の道路でよくやりました。学校が終わる頃になると、近所の歳《とし》ごろのバラバラな子どもたちが集まってきます。子どもは家に帰れば鞄《かばん》を置いてすぐに外に出て遊ぶ。子どもたちの遊び場は家の外でした。

縄張りのように名前がつけられた空き地でかくれんぼや鬼ごっこ。南海ホークスや阪神タイガース、応援するチームの野球帽をかぶってゴムまりの三角野球。砂場で相撲をとって、プロレスの技を掛け合っていました。女の子はゴム跳びをよくやっていました。思いっきり遊んだ後は子どもながらに充実感があって、お風呂《ふろ》に入ってさっぱりとした後の晩ご飯のおいしかったこと。昭和三十年代、テレビがまだ白黒であった時代です。

その頃から我が家には洋風的な珍しいものが順番に入ってきました。朝ご飯が時々トーストとミルク紅茶になりました。チーズオムレツを焼いて、グレープフルーツのハーフカットやシャキシャキと歯切れのよいレタスのくし切りのサラダを塩で食べていました。クリスマスのケーキがバタークリームからフレッシュクリームに変わったときは、こんなにおいしいものがあるのかと思ったものです。中学一年のときに旅先のホテルで初めてタルタルソースが添えられた海老《えび》フライを食べた嬉《うれ》しさを覚えています。

いろいろ新しいものが出てきても、暮らしの基本となるものはやはり和風そのものでした。親が料理研究家の我が家でも、たいていは和食ばかりでした。そのためにバターや油を使った肉料理や洋食は珍しくて嬉しいことだったからよく覚えています。今のように贅沢《ぜいたく》なことはできませんでしたが、そこにはなんとなく穏やかで幸せな時間がありました。そういった子ども時代に日本らしい感受性を身につけることができたと思っています。

玄関で脱いだ履物は必ず揃《そろ》える。家に帰ったら手洗いはもちろん、汚れた足も洗わされました。「いただきます」「ごちそうさま」。背筋を伸ばして食べなさい。お膳《ぜん》の台布巾と、お茶碗を拭《ふ》く布巾を区別すること。お茶碗を持つ手は左、お箸を持つ手が右と、右左を覚えました。食卓で肘《ひじ》はつかない。姿勢が悪ければ「猫背はいけません」。おかずは銘々の小鉢で。一粒のご飯粒も残してはいけない。おかわりのお茶碗は両手で受け取りなさい。食べ終わればお茶碗にお茶を少し入れておきなさい。楽しい家族の食事の中にも、いろいろしつけのようなものがありました。

毎年、だれもが春を心待ちにして桜を追い掛け、秋深くなれば紅葉の具合が気になりました。メダカが卵を産んだ。やかましいクマ蟬《ぜみ》の声。「秋の虫が鳴いてるよ」って、季節の移ろいの一瞬をいつも見聞きしていました。楽しい遠足の前にはお天気を心配して、てるてる坊主《ぼうず》を作り、母の手作りの弁当を持って出掛けました。

食材の旬《しゅん》が身近にあって、トマトを八百屋さんの店先に見つければ「もうすぐ夏休みだ」と喜びました。夏のゴミと言えばスイカの皮の緑色と赤が目立っていました。季節の変わり目に初物が売り出されると喜んで買ってきた果物。秋の運動会には、初物の青いみかんが酸《す》っぱいけどおいしい。いただいたお菓子は必ず先に神棚や仏さんにお供えする。風邪をひけば、食事はおかゆと梅干しに決まっていました。茹《ゆ》でたほうれん草を巻きすで巻いて、小鉢に盛って、すり鉢で油が出るまですった胡麻醬油《ごまじょうゆ》を掛けて、そのままではいけないと最後に赤い紅生姜《べにしょうが》や柚子《ゆず》の天盛りが載っていました。

日本人の美意識

夕方、チリンチリンという鐘の音が聞こえたら、ボウルを持って豆腐を買いにいきました。豆腐は、きれいな水に放たれていて、角がきりっと立っていました。夏は冷《ひ》や奴《やっこ》、冬は湯豆腐。どこの母親も器用に豆腐を手の平の上で切って、鍋《なべ》に入れて味噌《みそ》を溶きました。お寿司《すし》を食べるような日は、澄んだおだしに賽《さい》の目に切った豆腐と結んだ三つ葉が浮かぶお吸い物。汁をお澄ましに仕立てるのは、いつもと違う特別な日です。

豆腐屋さんでは、角が崩れた豆腐は売り物になりません。角が落ちれば半値にもならないのです。だから、貧しい家の子が豆腐を買いにきたとき、豆腐屋さんはわざと角を崩して、売り物にならなくして持たせたという人情話もありました。昔は「豆腐の角で頭打って死んでまえ」なんて悪いことも言いました。私たちには、すっきりした豆腐の角に意味があったのです。食べれば、角なんて味に関わらないのに、豆腐が四角くて美しいことが大切でした。そういう美意識が日本人にはありました。

一丁を半分に切れば豆腐は真四角になり、丸い器に盛れば美しい。斜めに切ればきれいな三角になって、半分を四つに切れば湯豆腐の「やっこ」になります。今の豆腐はすべてパックに入って、いつのまにかかたちも変わって、半分に切っても正方形にはならなくなって、返せばパックの寝ぐせがついているのです。パックの中で豆腐の角が崩れていても売り物になるのは、美意識の基準でなくて、賞味期限内でパッケージに破損がなければ問題ないと判断するようになったからです。こうして一つ、また一つと美しいものがなくなっていきます。

私の子どもの頃の日本には、生活の中にけじめのついた日本らしさがたくさん潜んでいたのだと思います。貧しくても、一生懸命生活することが、その後の日本の高度経済成長を支えた性能の良い製品を作る土台となっていたと思うのです。職人は、目に見えない裏側までをきれいに仕上げるのは当たり前のことで、その裏の仕事が表に現れることを知っていました。激しく音を立てるように変化する時代にも、ぶれることなく対応できたのは、そういった時代に身についていたもののすべてが基準になっていたからだと思います。一人ひとりが物への接し方や見立てる基準を持っていたから、何を見てもマニュアルがなくても見極めて判断することができたのです。

私と同じような子ども時代を過ごした人、あるいは若い人でも日本の暮らしの色濃く残る家や土地で暮らした人であれば、少し昔の日本と今の両方、どちらも理解できると思うのです。本居宣長《もとおりのりなが》が言うように、「もののあはれ」を解する心は、日本人すべてが生まれながらに持っている心だと思います。自然の変化や物事を通して人の心を察するという大和心を持ってこそ日本の本当の美しさを感じることができるのです。

技術が発展し新しい文明が生まれ、環境が大きく変化した現代社会ですが、私は若い人のだれもが美しいと感じる感性の芽をちゃんとどこかに受け継いでいると信じています。

食の変化

戦後、身体《からだ》が小さかった日本人は、欧米人と比べて栄養不足であると言われていました。そこで、ご飯よりもパンや牛乳、タンパク質であるお肉をもっと食生活に取り入れようという考えが広まります。更に、一九五〇年代末には「お米を食べれば馬鹿《ばか》になる」というお米有害説が出されたことは、幼い頃の記憶として残っています。

また、アメリカから「平和のための食糧」という名目で、学校給食のために輸入された小麦粉や脱脂粉乳の援助を受けましたが、これはのちにアメリカの余った食料の行き場を求めた貿易戦略と言われており、それによって「パンとミルクとおかずの完全給食」(一九五〇年)が実施されるようになって現代に至っています。

また、一九五六年からは、日本人の食生活改善を旗印に、キッチンカーが全国を走り回りました。「フライパン運動」ともいいますが、田舎では指導を受けた主婦たちがリヤカーにプロパンガスを備えた調理台を引っぱって、油を使う調理法を広めたのです。当時はまだまだ裕福な家庭でもなければ油を使う揚げ物などの料理は珍しく、少なかったのですが、これをきっかけに焼き飯やひき肉入りのオムレツ、炒《いた》めてから煮る野菜の煮つけなどが家庭に定着していくことになります。

この時代の人の心には、敗戦というもっとも苦しい時代から立ち上がりゆく喜びがありました。高度経済成長という勢いに乗り遅れないように、だれもが夢を持って働きました。大きな冷蔵庫があるアメリカ式のライフスタイルや舶来品に憧《あこが》れて、積極的に受け入れたのです。

一九六〇年代は花嫁修業として若い女性が料理を習うことは当たり前となり、私の父が営んでいた料理学校の生徒数は二万人を超えていました。当時の写真を見れば、一つの調理台に若い女性が鈴なりになって競うように新しい料理を習う姿が見られます。なにより、輝くような笑顔で実習している様子がそこにはありました。

今と違うのは、その頃の若い女性は、常識として料理の基礎というものを身につけていたように思います。だから、新しいお料理も、決していい条件とは言えない環境であっても吸収できたのでしょう。彼女たちが習ったのは、和食の基本料理の他に、肉料理や油脂を使った中華料理と洋食料理です。こうして家庭にハイカラでボリュームのあるお料理が入っていきました。

今、私たちは「今晩、お肉か魚かどっちがいい？」と家族に尋ねます。今夜の食事の主役、メインディッシュ（主菜）の希望を聞いているのですが、こうした「主菜」「副菜」という考え方も、この頃に世界共通の科学として確立されつつあった栄養学が日本に入ってきたことから始まっています。

栄養学的にみた主菜とは、肉や魚のことで血や筋肉を作るもの、主役の料理です。副菜は野菜で、ビタミンやミネラルでバランスを整えるものです。これを一汁一菜、二菜、三菜といった従来からあった和食のかたちに当てはめて、「主菜と二種の副菜（一汁三菜）」を理想的な食事としたのです。

文化より栄養価値を優先しておかずを分類することで、栄養学的にはわかりやすいのですが、人間は栄養を食べてきたのではありません。日本にはそもそも主菜と副菜を区別する習慣はありませんでした。すべてがご飯のおかずでした。それまで日本にあった純粋な主菜は何かと考えると、焼き魚と冷や奴（または湯豆腐）くらいしか思いつきません。今、副菜的な扱いになっている切り干しには油揚げが入っているし、味噌汁には、味噌と豆腐が入っています。副菜と言っても、主菜の食材である油揚げや少量のお肉が入っているのです。肉じゃがは主菜となりそうですが、これも野菜がたっぷりで、副菜の要素が入っています。日本のおかずは、常に主菜を兼ねた副菜であり、副菜の要素を兼ねた主菜であったのです。

ところがハンバーグを主菜にしたとき、副菜の切り干し大根や味噌汁にもやはり油揚げや少量の肉を入れなければおいしくならないということで、入れる。それで常にタンパク質や脂質が摂取過多になりがちです（今の料理雑誌のレシピには、読者の求めに応じて栄養学を重視してカロリー計算が添えられ、肉系の主菜と野菜系の副菜という枠組みは定着しています。主菜、副菜の区別は、こってりおかず・あっさりおかず、大きなおかず・小さなおかずと、いろいろな言い回しがなされているようです）。

一九五八年には、インスタントラーメンが初めて発売されました。当時はすでにアメリカ・ソ連（当時）の宇宙開発がはじまっていたので、人類の未来の食は、宇宙食のような簡易な食べ物になると言われました。でも人間の食欲はそれでは満足せず、そうはならなかった。けれどほとんどすべての料理がインスタント、レトルトといった便利な商品になって販売されていることも事実です。

一九七〇年の大阪万博にあわせて、日本初のファストフード店やファミリーレストランができました。この年は外食産業元年と言われています。以後、好景気に合わせて店舗を増やし、外食の楽しみが日常化していきます。

【戦後、日本の食文化の変化のきっかけとなった出来事】

昭和25年　アメリカから輸入された小麦粉などによる、パンとミルクとおかずの完全給食実施

昭和31年　「栄養改善運動」の一環として、キッチンカーを走らせフライパン運動を実施（油炒めが一般に広がる）

昭和33年　インスタントラーメン発売

昭和39年　東京オリンピック。首都美化運動。江戸時代より続いた東京の循環型農業（町で汲《く》み取った屎尿《しにょう》を肥料として畑にまく。農家の野菜を町に供給する。都市と農村のリサイクルスタイル）が徐々に消滅していく

昭和40年頃　花嫁修業として料理学校が普及

昭和45年　大阪万国博覧会開催。ファミリーレストラン一号店

昭和50年代　主食であるお米を中心として、畜産物などがバランスよく加わった健康的な「日本型食生活」（栄養学的にバランスのよい食事）が完成したと言われた

一方、以後様々な食と健康の問題が出てくることになる。

・生活習慣病の増加（高カロリーな食生活によるメタボなど）
・米の消費量の減少（ピークの昭和37年度に一人当たり年間118キロの消費であったのが、令和元年度には半分以下の53キロまで減少）
・味噌の消費量の減少（かつては、それぞれの家で「家族（一人）に一斗、客一斗」を年間の仕込みの目安としており、一年に一人一斗の味噌を食べていたという。その後、昭和43年度に一人当たりの年間供給量が約7・6キロだったのが、令和元年度にはおよそ3・7キロに減少）
・食料自給率の低下（カロリーベースで昭和40年度に73パーセントであったのが、令和元年度は38パーセント）
・家庭の米購入の支出金よりもパン購入金額が上回る（平成23年など）

何を食べるべきか、何が食べられるか、何を食べたいか

「何を食べるべきか」
「何が食べられるか」
「何を食べたいか」

という三つの問い掛けに、現在の日本に生きる私たちはどのように答えるでしょうか。

「何を食べるべきか」の答えは、栄養価値の高い、身体に良い料理。「何が食べられるか」という問いには、安心・安全な食べ物。「何を食べたいか」となると、人それぞれですが、一般的には焼肉、お寿司などでしょうか。ただ、その食べたいものだけを毎日食べることをしないのは、経済的な理由以上に、食べ続けることが身体に良くないことを知っているからでしょう。仕事をよく頑張ったから自分へのご褒美《ほうび》にと、ご馳走《ちそう》を食べることは喜びですが、食べ過ぎた翌日は意識的に食べないこともある。検査の数値が悪ければ、食習慣を指摘され、減量のために極端なダイエットを試みることもある。このように現代社会では、様々な状況と自分の都合に合わせて、そのと

きどきに何を食べるか、食べないかを頭で考えて決めているようです。

自分のことならまだしも、これが家族のためということになれば、考えることは複雑になって、毎日毎食、最適な献立を考えるとなると、たちまちストレスになります。ましてや、膨大な食の情報がテレビやインターネットをはじめ様々なメディアからあふれ、聞かない見ないように心掛けても、社会的に生活していれば目も耳も閉ざすことは不可能で、だれもが日々心揺さぶられ、その影響から逃れられません。そしてそのようにできたストレスは、ご馳走を食べることで一時的にでも解消できる術《すべ》を脳は知っているのです。吸収の早いパンなどの「粉もの」は、食べればすぐに血糖値が上がって気持ち良くなることを知っていて、条件反射的に、見るだけで食べたくなるのだそうです。

いつ頃からこんなふうになったのでしょうか。携帯電話を持っていなかった三十年前はどうでしょうか。少なくとも五十年前なら、「何を食べるべきか」「何が食べられるか」「何を食べたいか」という三つの質問は不要でした。なぜなら、その問い掛けの答えは、一つに収まっていたからです。本来、すべての民族の命を何世紀にもわたって育《はぐく》んできた食事において、「栄養価値」と「安心」と「おいしさ」はおのずから備わっているものです。

その頃はそれしか食べるものがなかったから、うまくできたのだと考えがちですが、決してそうではないと思います。人間はちゃんと知っていたのです。

ハレとケとを区別して、ケの日常は慎ましく、必要最小限の食事で暮らすことが心身ともに心地よいことを、身体は知っていたはずです。贅と貧のバランスに気を配った戦前の大阪人もそうですし、大リーグで活躍したイチロー選手だってそうです。修行僧も、受験生だってそうでしょう。

人間が物事に立ち向かっているとき、そうしなければ力が弱まります。食べることは常に喜びですから、度を越せば体調を崩し、気の緩みにつながる。ケとハレにけじめをつけることで、そうならぬよう実践していたのです。慎ましさを以《もっ》て、戒めていたのです。

和食の型を取り戻す

家の中を見てみると、今の私たちの暮らしのどこに「日本らしさ」が残っているのだろうかと思います。畳の部屋は少なくなって、座の生活はありません。都会では、木の柱や土壁、ふすま、光を柔らかく取り入れる障子も床の間も、ほとんど見られなくなりました。目に見えるもの、手に触れるものの、どこに日本らしさが残っているのでしょうか。

だからと言って、今の日本人が欧米のライフスタイルを身につけているかというと、決してそうは思いません。家に入るときは靴を脱ぎ、外の世界と家の中とに、けじめをつけています。家に帰ればまず手を洗い、食事の前にも手を洗う。また、掃除好きという持ち前の清潔感において、日本人の暮らしのかたちを行為として維持しているのです。この行為が、自然に対する愛着という情緒性をともなって、私たちの心に「日本らしさ」を持たせてくれているように思います。

欧米のライフスタイルに憧れ、身の回りの物を欧米風に変えても、それになりきれないのが日本人です。一方で、現代の日本人は、欧米にも真似《まね》のできない美を作り出し、科学技術でも、ときには欧米を超えるものを作り出してきました。なぜそのようなことができたのか、ただ日本人が優秀であるから、ということでは答えになりません。けれど、少なくともその理由の一つに、日本人の「情緒的にものを見る目」があると思うのです。

情緒とは、「もののあはれ」です。情緒性を持つとは、日本の四季、自然の移ろい、新しく生まれる命と朽ちゆく命に、人間の心を重ねて共鳴できる力を持つことです。先述したように、もののあはれを解する心は日本の万人が持つ心である、他の国ではとうの昔に失われたものを、日本人だけが受け継いでいる、それは古代の人間の心であると、本居宣長は言うのです。今を生きる私たちも、もののあはれを解する心の一片を持っていると、私は信じたいと思います。その一片とは、とても曖昧《あいまい》ですが、多くの人が「日本らしさ」と感じるものの中にあるのだと思います。

「日本らしさ」とは何かを突き詰めて考えれば、日本にも哲学が生まれるのですが、それはお天道様の示すもの。絶対なものであり、昔からの慣わしとして、ただ守るべきもの、そうして受け継がれてきたものです。しかし今、お天道様を心に（いつもは）置くことができなくなった私たちは、言葉では説明できない曖昧なことを、その曖昧さを日本人らしさだとして、あまり深く考えずに放っておいたのです。考えるべきこと、学ぶべきことは他にいくらでもあり、そしてそのほとんどは、いつも外国からやってきたものでした。

しかし、日本が外国から学んだ科学をもとにして様々な技術開発をおこない、難題に直面したとき、解決し、乗り越えることができたのは、丹念にきれいに作業を進め、直感を働かせたからでした。その結果として今日の発展があります。その直感の働くところ、直感を導くプロセスにこそ、情緒的な「日本らしさ」があると考えます。杜《と》氏《じ》がうまい酒を造るように、私たちは「日本らしさ」を科学技術に役立ててきたのです。

これからも、しなやかで美しい日本らしさを失わずにいたいと思います。では、どうすればそれを失わずにいられるか。私は、暮らしの中に、情緒を豊かにして維持する仕組みを持つことだと考えます。暮らしの基本を持つことです。そしてそれには、暮らしの要《かなめ》となる食事に、和食の型を持つことが大切だと思うのです。これこそが、和食を未来に伝える意味だと思います。それがまた、私たちの感動する心と身体の健康を作るものと一致するのであれば、素晴らしいことです。

いみじくも、書家の石川九楊先生が一つの良き日本人の在り方を、先述した『二重言語国家・日本』の中で示してくれているのです。

明治の男や女が毅然《きぜん》としていたのは、「和魂洋才」でも「和魂漢才」でもなく、「和心・漢魂」に加えて、西欧の文化や思想を受け入れる「洋才」を持ち合わせていたからである。その点で、明治人の「毅然」は近代人の資格の別名でもあった。～中略～「和心・漢魂・洋才」の立体的構造をもつ日本語の再構築によって、世界大の思想を語りうる言葉を獲得する努力が必要だと私には思われる。

弧島的なるものと大陸的なるものの混合物である日本の言葉（言語、漢字とひらがな）を「二重言語」として認識し、その和心・漢魂に加えて、世界共通の観念である哲学を身につけ、新しい日本人の言葉（言語）を持たなければならないと、氏は示してくれているのです。

ユネスコの無形文化遺産に登録された和食ですが、その現状は、絶滅危惧種《きぐしゅ》と言われているのですから、喜んでばかりはいられません。和食を、身近で普遍的なるものとしながら、更に誇れるものとするためには、今の状況を理解し、曖昧なものを曖昧なままにせず、言葉にして伝え、実践する努力が必要だということです。

『二重言語国家・日本』の言葉に合わせて、日本の食の現状を考えてみます。

「和心・漢魂」の「和心」とは、自然の素材を生かし、常に調和しようとする心で、茶事の料理に代表される和食です。「漢魂」とは、素材を混ぜ合わせるちらし寿司などのハレの料理、また、日常のなかでも油を使う大陸的調理法のものです。前者のちらし寿司は、素材を重ねながらも日本らしい静かな表現と言いますか、油脂や高温加熱に頼らず、素材の主役を際立《きわだ》て、脇役《わきやく》との兼ね合いを図り美しく調和させて、「和心」を持って作り上げています。後者は、大陸から入ってきた調理法である「油を使う」といえども、「和心」を持って、油の量は必要最小限にとどめ、すっきりと仕上げようと工夫したものです。そして「洋才」とは、単なる洋風の料理というのではなく、背景に西洋の哲学のあるものを言います。それがなければ、単なる模倣となります。イミテーションになってしまいます。ゆえに洋才におけるクリエイティブの意味を知る必要があるのです。

このように、食の背景にはそれぞれに意味がありますが、それを漠然とわかったつもりでいるところに、現代の日本に感じられる弱さの原因はあるのかもしれません。

実は、先に挙げたものが日本の食の全《すべ》てではありません。たとえばラーメンは、その起源が中国であることを認識しながら、すでに長く親しんできた料理です。餃子《ギョーザ》やカレーライスもそうですが、その料理が日本に初めて入ってきたとき、私たちはそれらの調理技術を和食に取り込むことはなく、別のものとして、そのままを受け入れました。

今や国民食と言われるラーメンは、私たちは和食とは認めない（ユネスコ無形文化遺産登録に向けた議論においても和食の枠組みとはしないとされた）にも拘《かか》わらず、日本以外の世界が日本のものとして認め、好まれる料理になっています。ラーメンは、日本で、日本人の工夫によって発達したものです。権威社会である日本では、権威の存在しないところに、サブカルチャーとしてときどきすごいものが生まれるようです。それは、かつて若い人たちが異文化の料理を持ち前の「和心」を持って発展させ、競いあい、作りあげたものです。

つまりは、「和心」を持って統合するところに、未来の新しい和食の姿があるのかもしれません。ここで知るべき（注意すべき）ことは、好き勝手にやっただけでは、決してたいしたものにはならないということです。和食とは、単にわさびや醤油を使ったから、和食になるものではありません。バターを使ってソースを添えたからといって、フランス料理にはならないのです。本物であるために大切なことは、その「文脈に乗る」「本質に添う」ということだと思います。

ラーメンや漫画という、日本人がヒエラルキーを意識せず、心が自由になれる場（ヒエラルキーの隙間《すきま》）に、世界的なものが生まれていることを考えるべきだと思うのです。

家庭内には社会のヒエラルキーは及びませんから、それゆえ、私たちは和食にこだわる理由もなく、洋食、中華、カレーなどを自由に食べています。日本人は、すでに「和食を食べている」とは言いがたい状態であることは、どこの家でも同じことかと思います。しかし、その状況を認めた上で、和食を守ることが大事です。和食の「素材を生かす」という本質（観念、思想、哲学）を外さず、現実的であり、実現可能な一汁一菜というスタイルを守ることで、それは可能になると考えます。「日本らしさ」を、一汁一菜という持続可能な和食のかたちとすることで、未来にも伝えられると信じるのです。

一汁一菜からはじまる楽しみ

毎日の楽しみ

毎日食べるものは、白いご飯と具だくさんの味噌汁《みそしる》です。ご飯をお茶碗《ちゃわん》にしっかり「装って（よそって）」あげて下さい。なんと、豊かなことでしょう。これだけで私は嬉《うれ》しいし、見るだけで満足があります。「死ぬ前に何を食べたい？」という問い掛けがありますが、私ならやはり、炊《た》き立てのご飯を（遠慮なく）お代わりして食べたい、という気持ちがあります。そこに、さらりとした味噌汁とご飯によく合うおかずがあれば、それでいいと思っています。よく考えれば、それはいつもの食事です。

まず、一汁一菜の型を、きれいに整えることです。きれいな三角形に整えることで、毎日の食事を楽しくする基本になります。ご飯は左、味噌汁は右側に置いて、漬物は向こう側に、そして手前に箸《はし》を置くという型です。この型を守ることで、たぶん、子どもたちもお行儀が良くなって、ご飯の食べ方も、身についてくると思います。まずは、目の前をきれいにして、きちんと整えることを教えてあげて下さい。大人だって、目の前にきれいな食事があれば、自然と姿勢が正される気持ちになるでしょう。これが、食育のはじまりです。

お茶碗を選ぶ楽しみ、使う楽しみ

毎日手に触れるもの、毎日見るものは、いいものが良いのです。よそ行きのものよりも、毎日使うものを優先して、大事にして下さい。人間は、道具に美しく磨かれることがあるのです。家族それぞれ、自分のお茶碗や湯のみ、お箸と決められるものを「属人器《ぞくじんき》」と言いますが、日本を含む東アジアの一部だけのことらしいです。それによって、自分だけが使うものに強い愛着心（愛情）を持つのです。

いいものというのは人それぞれにありますが、きちんと選んであげて下さい……と、つい子どもたちのことを思って書いてしまいましたが、自分のことを後回しにせずに、ご自身も大切にして、自分のためにきちんとお選び下さい。私が小学生のとき、母と心斎橋の食器屋さんに行って、茶碗を選ばせてもらったことがありました。一生懸命見て、大人が使うような祥瑞《しょんずい》風（幾何学模様などを細かく描き込んだ染付け）の湯のみと色絵の茶碗を選んだら、「あんたがいちばん上等なん選んだなあ」と言いながら、買ってくれました。昔の茶碗には、蓋《ふた》がついていて、その蓋は、裏返して小皿に使ってもよいのです。

器は、なんでも同じではありません。いい器とは、なんでもない炒《いた》め物一つでも、おいしそうに見せてくれるものですし、茶碗は手で触れて持ちやすいもの、唇に触れて気持ち良いものもあります。自分に似合うことも大切です。茶碗を選ぶとき、洋服を選ぶときのように、自分がお茶碗を持つ姿を鏡に映して見ると、似合うものと似合わないものがあることがわかります。「自分らしいもの」がいいと思います。

いかがですか。欲しくなってきたでしょう。でも、それだけを目的にして買いに行かないで下さい。器との出会いを待つのです。心に留め置いて、求めている時間は楽しいものです。流行は楽しいですが、流行《はや》りものに惑わされてはいけません。昔のもの、素朴なものも見て下さい。民藝館《みんげいかん》などに出掛けられると、きっと得るものがあります。そして、心が自由であるときに思いがけず、良いものが見つかると思います。年齢とともに、一年一年、少しずつ目が肥えてくると、いいなと感じるものも違ってきます。自分の好みの変化に気づいて、自分の成長が客観的にわかるのです。一年前の自分は、わかっているつもりだったけど、実は何もわかっていなかった。それがわかるのは、成長です。

子どものとき、買ってもらった新しいお茶碗は、すぐにはおろさないで、お正月まで我慢することで、楽しいことを待つという嬉しい時間がありました。そして人間は、いくつになっても、新しいものを使う嬉しさというのは変わらないものと思います。

気づいてもらう楽しみ、察する楽しみ

人間は料理することで食事（食べ物を見つけて集め、嚙《か》み砕き、つぶして飲み込み、消化して、エネルギーを吸収して、排出するまで）を合理化し、初めて休息とは異なる余分な時間、つまり「余暇」を持つことができました。余暇とは、務めから解放されて、自由に使える時間です。そこで、人間が初めて余暇をもったとき、何をしたのかと考えました。人間の命の働きが愛情であれば、自分のことではなくて、おそらく自分以外の人（命）のために、何かをしたと思うのです。

余暇とは、家族の喜ぶ顔を思い浮かべて、着物を作ること。家をきれいに掃除すること。野菜を作ること。花の種をまくこと。遠くまで木の実や熟した果物を採りに行くことなのです。ただ生きるだけならしなくてもよいような、人のための親切、心の潤《うるお》いを作る行為です。現代では、すでに仕事となっていることも、はじめはすべて無償の行為だったのです。その行為は、家族の喜びのため。自分以外の人が喜ぶことを楽しみにしたのだと思います。そういう意味で、現代の私たちに、昔の人が持っていた「余暇」はあるのでしょうか。現代人にとっての余暇とは何でしょうか。

日々の仕事に追われ、一汁一菜という食事が続いている。毎日、一汁一菜。いつも同じ。忙しいとき、大きな何かをやり遂げるまでは、仕方がありません。何か特別なことをする余裕なんてないのですから。季節という恵みが一汁一菜におのずから変化を与えてくれていますが、でもそこに気を留める余裕もきっとないのです。

休みを返上していますから、週末も、一汁一菜です。ダイエットの効果もあるし、はじめてからは体調が良いし、毎日家族の食事も作っている人ならば、家事でイライラすることがなくなったことを家族も理解してくれているのですが、毎日毎日、一汁一菜が当たり前になってくると、だれも食事にそれ以上のものを、期待しなくなっています。まあ、それも良いことだと考えています。

そんなある日、仕事も一段落して帰宅中、気分が良くてスーパーに寄ったら、おいしそうな新サンマを見つけたのです。食べたいと思って、これなら、味噌汁を作るあいだに、グリルで焼くだけです。みんなも喜ぶかなって、家族の顔を思い浮かべたら、少しワクワクした気持ちになりました。

さて、今日も何も期待しないで、家族は食卓につきました。すると、みんな同時に、「わっ、魚がついている」って、喜んだのです。何も言わなくても、自分で気づいて喜んだのです（実際にはすでに魚を焼く匂《にお》いでわかっていたと思うのですが）。

気づくことなんて、当たり前だと思いますが、ところが、そうでもないのです。一汁一菜を実行するまでは、無理にでも、おかずを三〜四品は並べていました。そうして家族を思って、これだと思う料理を作っても、だれも気づいてくれなかったのです。毎日ご馳走《ちそう》であることが、当たり前になっていたからです。それでも、作るほうもそれが普通で、そんなもんだと思っていたのです。

余裕があるとき、おいしそうなものが目に飛び込んできて、これが食べたいと思ったとき、同時に家族の顔が浮かんでくるのです。家族の笑顔が見たい（喜ばせたい）と、純粋に思っているからです。それは、義務でも、仕事でも、強制された労働でもありません。とても自然で純粋な行為なのです。そんな気持ちでお料理すると、苦労はなくて、楽しい気持ちばかりになっていることに気づきます。仕事でおいしいものを食べたとき、だれでも、今度家族を連れてきたいと思うことと同じです。旅をしたとき、好きな人に、この景色を見せてあげたいと思う心です。

子どもの頃、留守番を頼まれたとき、親を喜ばせてやろうと一生懸命料理して、帰ってくるまで知らん顔して、親が気づいてくれることを、ワクワクして待っていました。親が帰ってくる前に部屋を片付けて、きれいに掃除して、気づいてくれるのを、待っていました。大好きな人に褒められたい、大好きな人の笑顔を見たい気持ちは、愛情からくるものです。お料理を作る純粋な楽しみは、強制されない、自由の中に湧《わ》き出るものです。そんな気持ちで作るお料理は、特別なことです。だから、いつもでなくていいのです。求めない与え、「無償の愛」から、普遍的な美しい食文化は生まれたのです。

茶道では、亭主のもてなしの趣向や意図を、何も告げないのに、客自身が察してくれることを、亭主の最上の喜びとしています。そのように、亭主と客が互いにもてなし合う心は「賓主互換《ひんじゅごかん》」と言われています。茶事でなくとも、知り合いの家を訪ねて、招かれて部屋に入れば、絵を見て、花を見て、出された御菓子やお茶のおいしさでも、ハッと気づいた思いを口にするのはとても

良いことです。たとえ間違っていたとしても、その心掛けそのものが、喜ばれることなのです。素敵な人だなと思われることでしょう。それがコミュニケーション力のある人です。

お膳を使う楽しみ

一人で食べることが多いなら、お膳《ぜん》を用意するとよいでしょう。お膳は、家のどこにでも運んでいけて、片付けるにも、便利です。お膳のあるところが、和洋どこであっても、そこが食卓になるのです。

お膳をすすめるのは、お膳の縁が、場の内側と外側を区別して、結界となるからです。机の上が散らかっていても、お膳の中はきれいです。すると、一人で食べる食事にけじめがついて、気持ち良く、食事がだらしなくなりにくいのです。お膳を使えば、きちんと食事することに、楽しみが見つかると思います。

木製のお膳は、特に汚さなければ洗わなくても、布巾《ふきん》で拭《ふ》くだけでけっこうです。度々布巾で拭くことで、木の道具は味が出てくるので、拭き込んで磨くことも楽しみになります。ますます愛着が湧いてきます。

お膳は、器の舞台です。一汁一菜という、絵の額縁になるのです。額縁は使い回しが利《き》きませんが、お膳はいくらでも使い回しが利くのです。いつも場を新しくして、見せてくれます。お膳に一汁一菜を並べたとき、その型が改まり、ピシッと決まるの

です。

家族みんなで食べるときは、改まったことでもなければ、一人ずつのお膳を使うことはありません。昔は、ちゃぶ台がありました。ちゃぶ台は、普段は片付けておいて、食事のたびに出しては、お茶碗を並べる丸い机です。日常の食事では、このちゃぶ台が家族全員のお膳となっていました。食事のとき、いつものテーブルである食卓を、きれいに片付けてからお茶碗を並べないと気持ちが悪いのはそのためです。

一人で食事するならば、食卓の上の本や仕事の書類を片付けなくても、お膳を使えば身を正して食事ができるのです。家族で食べる食卓には、あえてお膳は使いませんが、気持ちを変えたいときには、ランチョンマットのような軽い感じの折敷《おしき》を使われるとよいでしょう。

＊お膳は、一人分のお料理を載せるための道具です。直径三十〜四十五センチまでが、一人膳として使えます。昔は「箱膳」という、蓋つきの木製の箱が食事の道具として使われていました。片付けるときには、茶碗、汁椀《しるわん》、皿、箸などを入れて蓋をして、棚にしまいます。使うときには、被《かぶ》せ蓋を返して、返した蓋をお膳としたのです。畳に直《じか》に置くお膳が、茶事に使う「折敷」です。畳に直に置いていたものが、洋風化されて、机の上に折敷を置くようになっています。もともと、足のついていたお膳は、神様のお供えとして使われていたものです。

お酒の楽しみ、おかずの楽しみ

季節（旬）を楽しむ

お酒は、そもそもハレの日にいただくものでした。お酒を飲んで少しいい気持ちになって、神様と交流するのです。今でも、お酒は楽しみとして飲むものです。お酒があるときには、季節の肴《さかな》を一品添えて下さい。その後に一汁一菜をいただけば、これで一汁二菜になります。ここに果物でもつけば、一汁三菜です。

都市化が進み自然の少なくなった現代でも、家庭にある四季の食の楽しみ方は変わらないものです。季節の移ろいを意識することで、日本人の感受性は磨かれてきたのですから、大切にしたいと思います。そのためには、二十四節気が日本の細やかな季節感がわかりやすいので、ここでは、現代人の季節感を持ちつつ二十四節気に従い、一汁一菜という日常の食事に加えて酒の肴に良さそうな食材や料理、また、ご飯には合わなくても楽しみにできるおかずを、思いつくままに記してみます。

【春の楽しみ】

新春、初春といえば正月ですが、二十四節気に合わせると、春は二月の節分の翌日からはじまって、五月の立夏の前日までを言います。たしかに、梅の花がほころびはじめる頃が新春らしいと感じます。

「春は苦味」です。ふきのとうを見つければ、そのまま刻んで、味噌と砂糖を一緒に叩《たた》いてなじませたのがふきのとう味噌。大阪の八尾の葉ごぼうは、青い茎をきれいに掃除して炒め煮にします（①）。まさに春を知らせるほろ苦い野菜です。

「春は芽のもの」とも言いますが、雪どけの冷たい湧き水の流れるところにあるセリのおひたしや白和《しらあ》え。雪の下にあるねぎは、ぬた（からし酢味噌和え）。つくしは茹《ゆ》でてから卵とじ。あさりなど貝の酒蒸し。

三月の半ばに我が家の山椒《さんしょう》も芽吹きます。これが関西で言うところの木の芽です。木の芽はたけのこに限らず、お肉を焼いたのに載せても、よく合うものです。木の芽の香りは春を実感させてくれます。アスパラガスの直かつお、たらの芽の天ぷら、わらびのおひたし。山菜を使ったすき焼きもあります。新たけのこは急いで茹でて、氷水に入れて冷蔵庫に取り置き、いろいろと料理します。まず若竹煮、そして醤油焼き、オリーブ油マヨネーズ（②）、天ぷらなどです。山うど味噌・山うどは、サバ缶を入れて味噌汁にします。蕗《ふき》も柔らかく煮て食べたいと思います。四月になれば、気温が上がって、一層春らしく、光に合わせて伸びる豆が盛りになります。えんどう豆はさやをむいて、ご飯に直接炊《た》き込みます。

春は貝の季節です。貝は、ほぼ一年中スーパーにありますが、しかし、二月、三月と産卵に近づく頃がいちばんうま味が濃くておいしいのです。

四月から五月、六月にかけては、磯《いそ》釣りの季節。メバルやキス、夏のイサキなど、煮付けにすると良い魚は、から揚げにしても良いものです。

【夏の楽しみ】

夏は五月の立夏から八月の立秋前日までを言います。五月はまだ気持ちとしては春の続きですが、日差しの強さを感じると、初夏だと思います。五月の食材はまだまだ、春の豆やたけのこなど天に向かうものが盛りです。いんげん豆は、さつき豆というくらいですから、一年でいちばん良い時季です。触れてみれば、おいしそうと感じるでしょう、柔らかいものを選んで下さい。同時に、初夏らしい、新玉ねぎ、新じゃがいもなども出てきます。新玉ねぎは、オニオンスライスにするだけでもおいしく、生シラスとお酢を掛けるだけで食べています。

じゅんさいは、生が出回るのはこの季節だけです（③）。茹でてから水に取り、酢の物にして下さい。六月の中頃になれば、本当の夏野菜が出はじめます。この時季になれば、鮎《あゆ》を食べたいと思いますが、事情が許さず食べられない年もあって残念です。焼き茄子《なす》は皮が黒く焦《こ》げるまで焼いて、皮を剝《む》いたところが焦げるくらいになったのがベストです。香りが違います。冷蔵庫で冷やしておいたのを、おろし生姜《しょうが》と醬油を添えて勧めます。ピーマン、ししとうもこの時季は、小さな柔らかいのが出回ります。ヘタごと種ごと、油で焼いたり、煮つけたり。青臭みがおいしいです。

夏野菜が良いと、おのずからぬか漬けがおいしくなります。毎日でも全く飽きることはなく、夏のあいだ、これだけでもご飯がすすみます。酸味の出た古漬けは小口に切って塩抜きして、おろし生姜を添えるのも良いでしょう。大阪から取り寄せた水茄子の漬物を出すと、みんな喜んでくれますから、時季には欠かしません（④）。

「夏は酢の味」と言いますが、きゅうりもみをしてわかめやちりめんじゃこの酢の物。タコの酢味噌、小アジの南蛮。日本の米酢でピクルス風の酢漬けを作ります。お盆くらいまでは夏の気分です。

【秋の楽しみ】

秋は八月の立秋から十一月の立冬の前日までです。秋の楽しみのはじまりは、夏の終わりの新サンマ。塩焼きにすれば、これから毎日これでよいと思います。大根おろしをたっぷりと添えれば、豊かな気持ちになります。とは言っても、飽きますから、酢と醬油で骨まで柔らかく煮て、辛煮にします。秋は熟し味、少しこってりしたものがおいしく感じられるようになるようです。

九月に入れば、新栗（⑤）。見つけたら、殻ごとしっとりと茹でて、半割りにするとスプーンで食べるおやつになります。茹で栗の身をほじって砂糖を入れて煮詰め、栗のつぶあんにします。これはおかずにはなりませんが、白玉に合わせる代わりにご飯に合わせるとおはぎになります。さつま芋は、クチナシを入れて柔らかく茹で、バターと砂糖で味つけして黄色い芋あんを作ります（⑥）。これは朝のトーストと一緒にいただきます。これもお酒の肴にはなりません。

たっぷりのきのこと鶏肉《とりにく》の入ったきのこ汁、これは味噌汁です。舞茸《まいたけ》は、牛肉の切り落としと一緒に醬油煮にしても肉の味に負けません。この頃は、残念ですが、松茸をあまり食べなくなりました。大きく育った原木しいたけが手に入れば、バター焼きにして、すだちと醬油で食べます。里芋は、皮ごと茹でると調理の幅が広がります。つぶして粉をまぶして、両面油焼きにするだけでも良いし、つぶした里芋の揚げだし、

【春の楽しみ】

②新たけのこ

①八尾の葉ごぼう

【夏の楽しみ】

④夏野菜のぬか漬け

③じゅんさい

【秋の楽しみ】

⑥さつま芋の芋あん

⑤新栗

【冬の楽しみ】

⑧七草粥

⑦白菜漬け

ぐっとつぶして味噌汁に入れることもあります。

鮭《さけ》の筋子を見つければ、自分でイクラを仕込むのも意外と簡単で、贅沢《ぜいたく》な気分が味わえます。新米のご飯には最高です。

銀杏《ぎんなん》が落ちる頃、紅葉は色づきはじめ、気温も下がりようやく秋らしくなるのです。よく熟した銀杏を、一つずつカナヅチで叩いて割り、大きなほうろくでよく炒《い》って食べると、おいしいばかりか元気になります。


【冬の楽しみ】


冬は十一月の立冬から二月の節分までです。冬の楽しみは「温もり」です。京都のお豆腐は、湯豆腐にして作り立てのつけ醬油で食べると格別です。また、豆腐や、こんにゃく、芋を串《くし》に刺して田楽にするのですが、最近はおろし生姜をたくさん入れた田楽味噌が気に入っています。ナマコは意外と安いですから、ぶつ切りにして二杯酢に漬けます。

我が家では、夏場のぬか漬けが、冬のあいだは白菜漬けに変わります。白菜漬けは翌年の春まで欠かしません。漬けてから二〜三週間、少し酸味が出はじめる頃がおいしくて、毎日でも全く飽きることはありません。特に年末に出る大きくて実のつまった白菜を漬けたのがいちばんです（⑦）。

大根は一年中あるのですが、十二月に入ってからの大根は、本当においしいもの。だし汁と油揚げを入れて皮もむかずに直炊きしたのが、大根炊き。温かくても、冷たくても、どのようにしてもおいしいです。

そうこうしているあいだにお正月が来るのです。十二月はみんなで餅《もち》をついて、お正月に備えます。やはり杵《きね》でついた餅は違います。おせち料理は、お正月の楽しみです。慎重に材料を吟味して、我が家のおせち料理は全部妻が作ってくれています。お正月が明けて七日の朝ごはんには七草粥《がゆ》をいただきますが、おいしいので、他の日にも作ります（⑧）。

年が明けて、大寒になるとほうれん草や小松菜のおいしさは本物になります。小松菜は油揚げと一緒に煮るととろけるようになります。ほうれん草も根が赤く、冬のあいだはしょっちゅうおひたしです。削り鰹《がつお》は炒ってから載せます。

キャベツも本来冬の野菜です。ですから、国産の芽キャベツもこの季節だけに、出回るものです。芽キャベツはそのまま素揚げにすると、外葉の内側は蒸し揚げ状態。塩を軽くして下さい。

冬場はブリなど大物の魚が旬です。照り焼き、ブリ大根が楽しみです。

ここでは、お酒の肴とご飯のおかずを一緒に並べて書きましたが、同じ食材を使った同じお料理でも、お酒の肴とご飯のおかずでは、少し気分を変えて料理して下さい。ご飯のおかずにするなら濃いめの味、お酒の肴であれば薄味に仕立てます。

こういう季節の楽しみを食べるときは、一言添えると良いでしょう。

「初もんのさくらんぼよ」「今年の鰹はおいしいね」「蕗のとうの苦味は薬になるの」「おばあちゃんからトマトと茄子が届いたよ」「旬はやっぱりおいしいね」「今年はまだたけのこを食べてなかったね」「食べとかなもったいない」「これで白菜漬けも食べ納め、もう来年までないよ」と、いつも、毎年、声に出して下さい。

日本の食文化を楽しむ、美の楽しみ

おかずをいくつか作ったときは、食卓全体でバランスをとります。お料理の彩《いろど》り、食感、分量、様々な要素を立体的に考えて、一つの献立とするのです。お料理というのは、一つだけ食べるときと、いくつかを並べて一緒に食べるときでは、同じものでも、おいしさが違って感じることがあります。いくつかの料理を並べるときも、主役と脇役《わきやく》がなんとなくありますから、主役が決まっていれば、脇役は出しゃばらず控えめにすることです。そうすれば、想定以上においしく感じられることもあります。レシピに示された味つけを半分にするときもあるし、いっそ味を

つけなくても良いことだってあるのです。そういったことがわかれば、和食の調理の意味がわかってくると思います。

さて、先に述べたように、目で食べ、食感を楽しむという和食の大切な要素は「器」です。器も、味つけと同じように、一つだけ見るときと、いくつかを取り合わせて並べて見るのとでは、見え方が違うものです。美しさは常にバランスから生まれるというのは、ジャケットとパンツの着こなしと同じようなものです。センスの良い人はかっこいい。それは、洋服の値段で決まるものではないでしょう。磁器、陶器、土物、漆器など、それぞれに何を組み合わせるかによるのです。一言で説明するのは難しく、また別の機会に譲りますが、たとえば「お酒の徳利と盃《さかずき》と小鉢や小皿」をお膳に載せて、まずはお酒を楽しんで、それから、パッとお膳ごと取り替えて「一汁一菜」を出せば、見違えるようで、とても気持ち良く感じられるのです。「お膳替え」と言いますが、これなら、いつもの一汁一菜が華やかになって、お客様を招いても喜ばれます。

このように、一汁一菜はシンプルだからこそ、美しさを求め、楽しむこともできるのです。専門家に聞かなくてもよいのですよ。今は何でも専門家の時代のようで、専門家でなければその道のことをやってはいけない、話してはいけないようになっています。けれど、きれいなものはだれにでも作れるし、作ってもよいのです。美しいものはどこにでもある。日常の私たちの周りに転がっているのです。本当に美しいものは、お天道様が示すもの、それが唯一《ゆいいつ》ですが、その大きな掌《てのひら》に乗っていることなら、いいのです。「きれいだな、いいなあ」と感じる心を信じて下さい。

一汁一菜が、日本の食文化の原点です。

ケ（日常）の食事である一汁一菜を基本にして、季節の食材を肴にしてお酒を楽しみ、そのときにできる精一杯のご馳走《ちそう》を用意して、最後に一服のお茶を振る舞うのが、茶事のお料理です。

お酒の楽しみと一汁一菜を区別しておけば、自分一人でも、季節の肴を、向付《むこうづけ》（茶事の料理で使う、酒の肴を盛る器）に盛りつけて楽しむことだってできるのです。日常の食事には使えないと思っていた趣味の器だって、使いこなして楽しむこともできるのです。乾山《けんざん》でも魯山人《ろさんじん》でも使いこなせます。それは、日常の食事からはじまって、芸術の場である茶事（道）に至るまで、一汁一菜という一筋の思想がまっすぐつながっているからです。

和食の一汁一菜を
食事のスタイルとして、
家庭料理を作って下さい。
汁飯香なら、作れます。
きれいに整えて
慎ましく暮らせば、
心身は敏感になって、
かつ、穏やかになります。
余裕のある日には、
季節のおかずを、作って下さい。
料理する幸せがわかるでしょう。

食べる人の笑顔が見られます。
ときには、
お客さんを招いて下さい。
おいしい肴を用意して、
器を選んで、盛りつけて下さい。
互いにもてなし、
楽しむ場を、作って下さい。
そうすることが
和の食文化を守り、
子どもたちに伝え残すことになると思います。

【お膳の中の一汁一菜　日常の楽しみ】

具だくさんの味噌汁と
ご飯の一汁一菜

ご飯と味噌汁と漬物、
野菜のおかず２種

ご飯と味噌汁と漬物、
魚とおひたし

ご飯と味噌汁と漬物

ご飯と味噌汁と焼き魚に、
野菜の炊き合わせ２種

すいとん汁と野菜の煮物

【お酒とご飯のお膳を替えて、一汁一菜でご馳走を作る】

イ、

ロ、

イ、

ロ、

きれいに生きる日本人 ——結びに代えて

友人に山菜や山茸を採ってくれる人がいます。彼は、山に居るほうがいいからと、サラリーマンをやめて、山の仕事をしながら米、栗や野菜を作って生活しています。堀米良男さんという人です。私よりも十も年上ですが、身軽で、背筋が伸びて若々しくかっこいい人です。

夏の初めの梅雨のあいだに、彼の奥さんも一緒に山歩きに行きました。標高のせいで、まだ淡い色をした緑に包まれて、霧雨の中、しっとりとした空気が気持ち良いのです。彼は、鳥のさえずり、枝葉を揺らす風の音に混じって、左手の下のほうからかすかに聞こえる水の音がどうも気になるようです。川の流れの水の音が、自分が思うより大きく感じるので、その水がどこからどのように集まって流れてきたのか、それをまるで地面の下を見てきたかのように話すのです。あっちの山からこっちの沢へ、ここの笹《ささ》の葉は大きい、向こうに大きな木があって……何を言っているのか、私にはさっぱりわかりません。すると一緒にいた奥さんが、「もういいから、やめれ」と言います。この人はそういうことを言い出したら話が終わらない、と言っているのです。

私に気を使ってそう言うのですが、山で川の水の音を聞いて、その水が木々の根や岩のある地下のどこを通って流れているのかを想像して話す人なんて他に知りませんから、私には楽しくて嬉《うれ》しくてたまらない。そういう堀米さんに感動します。

それを原始的とか、人間の野性とか言ってはいけないと思います。野性とは、本能むき出しの荒っぽい性質を言うからです。堀米さんのそれは穏やかで、根源的な人間に備わった理性だと思うのです。現代人はまた、理性の意味を、その文化を尊重して感情をコントロールし、無事に留める心の力のように言いますが、堀米さんのそれはもっと大きな自然に対応する人間の理性だと思うのです。それは、水という命の存続に関わるものを感じる自然知です。

両側に背の高い笹やぶのある道を歩いていると、堀米さんは私には見分けのつかない同じような葉っぱをした竹を見つけて立ち止まり、やぶに入りこみます。二〜三分いなくなったと思ったら、たけのこを一抱え持ってやぶから出てくる。竹は地面から五十〜六十度の角度で斜め上に向かって左右に複雑に伸びて交わり、容易にやぶに入った人の身動きを取れなくします。やぶの中では、竹をくぐるか、踏みつけるかして移動することになります。やぶは深く、数メートル離れれば、声はすれども姿は見えずという状態になるのです。

そんなやぶの中を、彼はましら（猿）のごとく素早く移動するのです。その早さに驚いていると、「熊《くま》はもっと早いよ。細い鼻先が入れば、わーっと力で押しきってしまう」と言います。まあ、木にスルスルと登って地形を確かめ、一目見れば道標《みちしるべ》になる複数の木の特徴を動きながら覚えて忘れない堀米さんと一緒なら安心できますが、一人ではやぶに入ろうと思いません。しばらくのあいだに、三人合わせて（いや、ほとんど堀米さん一人で）両手でやっと抱えられるほどのたけのこを掘りました。

堀米さんの家に戻れば、すぐに採ってきたたけのこの掃除です。どんなにたくさんでも、採ってきたものはその日のうちに始末をつけます。堀米さんにとって、山菜を採るというのは、ハイキングのように楽しみながら、たらの芽や山蕗《やまぶき》、わらびといろいろと採るものではなく、適期にこれと決めて、ぜんまいならぜんまいをビシッと採る。堀米さんを見ていると、そもそも採集生活とはそういうものかもしれないと思います。

ムシロを広げて座り込み、たけのこの皮剝《かわむ》きです。輪の内側に金属の爪《つめ》のある道具があって、細いたけのこを一本ずつ通すときれいに切り込みが入ります。全部のたけのこに切り込みが入れば、次に皮剝きです。先のほうから切り込みを広げていき、元のほうを持って先端までくるりと皮を剝く。うまくいくと、削り立ての鉛筆のように先っぽまできれいに剝けるのです。掘り立て、剝き立てのたけのこがこんなに鮮やかな緑色をしているとは知りませんでした。

たけのこを剝いてしまわないことには食事になりませんから、みんなで一生懸命剝きます。山歩きだけのつもりが思いがけず竹やぶに入り、その年最後のたけのこを見つけたおかげで、私は初めてのたけのこ掘りができたのです。後で話しているうちにわかったことですが、どうも私はたけのこを掘らずに、折っていたようでした。

剝き方を教わり、なんとか要領がわかりはじめると、今度はどうすれば人よりもどれだけ早く鮮やかに剝けるかと、私は料理人の習慣でいちばん合理的に剝く方法を考えながら手を動かします。だれとも競争していないのですが、私はこういう場合、一等賞になろうと集中するのです。そうして、よしこれだとわかったつもりでも、たけのこの大きさや柔らかさは一つずつ違うし、慣れてくれば油断して折ってしまう。折れる度に悔しがります。

ふと手を止めて堀米さんを見ると、その手の美しさに驚きます。美しい手とは、田舎のおばあちゃんたちが集まって、川縁《かわぶち》に設けた水場で畑から掘ってきた青菜を洗っているような手のことです。つい見とれて「いい手だなあ」と思う、あの手のことです。

その「いい手」が動いて、一本一本、たけのこをピラミッドのように積んでいきます。すごいと思うのは、一本のたけのこも折れることがないのです。堀米さんは、人より早くとか、競うとか、かっこよくとか、どうすれば合理的に剝けるかとか、丁寧にとか、そういうことはぜんぜん考えていないのです。要するに、私のような雑念が一切ないということです。私などいくら上手になっても、折ってしまうと思います。

いい手のこと、いい手を持つ人のことを、ずっと長く思い、憧《あこが》れ考えてきた私は、いい手とはそういうことなんだと、このとき初めてわかった気がしました。私は、そのいい手を絶対的に信頼して、信じているのです。そして、たぶんもう無理かもしれませんが、自分のこの手がいい手になればいいな、と思っています。若い人はまだまだ大丈夫。心掛ければどんな手にもなれると信じています。器用とか不器用とか、上手・下手とかじゃないですから大丈夫です。

『一汁一菜でよいという提案』。この本で私は何を伝えたいのだろう、と考えていました。一汁一菜っていいんだぞって、それだけでいいんだぞって、言いたかったのですが、なぜいいのかという理由を書いているうちに、日本人の持つ知恵の在りかとか、その道筋はどこからきたのかまで説明が必要になりました。

それは結局、お天道様と人間の関係というか、人間でも日本人だけが古来より純粋に持ち続けているものの考え方のようなものにつながってしまうのです。すでに偉い人たちがいろいろなところで説明してきたことともつながって、本居宣長が説いた大和心につながり、思いがけず大それたことに少し触れるようなことになってしまいました。そんなことで、戸惑っている次第です。どうぞご批判、ご指導いただければありがたく思います。

＊

「いい手」の話の続きです。

味噌《みそ》作りのマイスターで二〇一四年に亡《な》くなられた雲田實さんは、私の心においた師匠の一人です。春の山菜、秋のきのこ採りと、一緒に山に入っていた人です。東京に持ち帰るために、様々な山茸を掃除しながら、乾き止めの木の葉を茸《きのこ》のあいだにはさんで手当てして紙箱に収めてくれました。いつもその土産の美しさに目を奪われました。私が横に並んで一緒に山蕗を摘んでも、彼の手だけには別物の一級品の蕗の束ができあがります。箸《はし》を作るために枝を切った黒文字を、そのあたりにあった山の蔓《つる》で結んだ束さえも美しいのです。喉《のど》が渇くと、複数ある山水の湧《わ》き出し口から「いちばん右」と示し、脇《わき》にあった蕗の葉をくるりと巻いてコップを作って水を受け、シュッと飲むのです。

彼の作る味噌は、度々日本一と評価されました。その名声は広く知られ、大手食品メーカーの研究者がお忍びで、数字に表れない味の変化を学びに来るというほどでした。まことに稀有《けう》な人だと思うのは、彼の庭の見事さです。標高の違うもの、水を欲しがるもの、水を嫌うもの、生息環境の違う植物が一つの棚で元気に花をつけ、実をつけているのです。若いときから五十年以上掛けて作りあげた、山野草を中心にした盆栽です。驚いたことに、早稲田大学の食の文化研究会の講演会に招いたとき「私は植物を枯らしたという記憶がありません」と話されました。「良き酒、良き味噌は人間が作るものではない、俺が作ったなどと思い上がる心は強く戒めなければならない」と口癖のように言う実直な人柄をだれもが信じたのです。

グラフィックデザイナーの田中一光さんは、生前、仕事場にいるときはスタッフみんなの食事を作っていました。料理を作るのも食べるのも大好きで、なんと自らの手料理でお茶事を二十回も催されました。あれだけの素晴らしい仕事を残されながら、自分は料理人になったほうが良かったと真面目《まじめ》におっしゃっていたと、姪《めい》の千絵さん（デザイナー）から聞きました。

最近、氏の肉声インタビューのＤＶＤを見つけて聞いていると、「僕は園芸が大好きです。アメリカでは緑の親指とか言いますね。僕がちょっと可愛《かわい》がってやるとだいたいのものが元気になるのです。もう枯れそうな木でも、芽を摘んで植えてやるとまた芽が出てきて育ちます。うまくできないという人がありますが、それは目の掛け方だと思います。どうして欲しいかが、見ていると本能的にわかります」と、雲田さんと同じことを話されているのです。

どうしても、ここに書かないといけない人があります。私にとって大切な人です。奈良の生駒にあった「やきものいこま」の箱崎典子さんです。

私はとにかく、時間が許せばこのお店にいました。彼女と会って、ご飯を食べて、お茶を飲んで話を聞いて、棚に大量にしかもきれいに並んだ焼き物に触れました。今思えば、不思議です。しまいには生駒に仕事場を移したほどで、東京に住むようになってからも、生駒通いは三十年も続きました。行けば店が閉まるまで、半日でも、丸一日でもそこにいるのです。その後二〇二〇年になくなられました。

そこにあった焼き物は、彼女自身が週に一度の店の休みに北海道から沖縄まで、日帰りで現地に出向き、買い付けたものでした。百円のものから数百万円のものまで隣り合わせに、所狭しと、並んでいます。お客さんはいつもいっぱいでした。小さな子どもからお年寄りまで、老舗《しにせ》の料理人、稀代《きたい》の目利《めき》き、同業者でも、欲しくなるものが「やきものいこま」にはありました。

箱崎さんは時分時になればいつも二階の台所に上がって、さっとご飯を作ってくれました。そのご飯を食べてどうしてこんなにおいしいのだろうと、いつも頭が上がらなくなりました。

ある日のことです。お料理を前にして、たまたま箸がないことに気づいたのです。「おはし、おはし」とあっちこっち探して、引き出しの奥のほうから、いつのものかもわからない、寿司《すし》折《おり》に添えられるような箸袋に入った割り箸が出てきました。箱崎さんは、これはあかんなと鉄びんの湯気にしばらくかざしてから、「はい、これでよろしいな」とお膳につけてくれました。すると、なにかの魔法に掛けられたように、その粗末な箸はどんなものよりも上等な箸に変わっていたのです。そういうことなのです。

このお店がなかったら、今の私はなかったと思っています。お店の表にも裏にも、山野草の鉢植えがありました。箱崎さんは朝と夜にジョウロで水やりをしていました。睡蓮《すいれん》鉢には、めだかが毎年子を産み元気に育って、夏の午前中には睡蓮の花が立ち上がるように咲きました。その水はいつもきれいに澄んでいて、鉢につく青い藻を食べるニナ（貝）がいて、ニナの子をめだかが食べてと、小さな世界に生態系があるように思いました。お客さんが切ってきた花でも、買ってきた花でも、そこに生けられると本当にご機嫌な様子で、どこで見るよりもきれいに咲くのです。

箱崎さんが焼き物の産地に行けば、彼女が何を買うかが注目されて、彼女の後をついて歩く人さえいました。彼女が見たもの、触れたものは全部よく売れたからです。若い陶芸家の作品を買い付け、良いところを示して見せることで大勢の作家が育ちました。百貨店で個展をするよりも、「やきものいこま」で個展をしたいというほど作家にとっては箱崎さんの目が気になったのです。

「やきものいこま」に行くことで、どれほど多くのことを学んでいたのかと思います。本当にだれからも愛されるいいお店でしたが、二〇〇九年にきっぱりとやめられたその引き際《ぎわ》は見事でした。

大自然と人間、その関わり方によって「きれいに生きる」ことができるのだと思います。私たちは、経験と照らし合わせて、どう判断すればよいのかと迷い、悩み、結果うまくいくこともありますが、間違うこともあります。でも、一生懸命生活すれば、そのときに出会う人が、お天道様のあるところを示してくれるように思うのです。私には、さきほど話した彼らのように特別な能力はありませんが、料理することで感じることができたと思っています。おいしくなる理由、おいしくならなかった理由、疑問に思うこと、不思議なことをなぜかなと思っていれば、ある日突然、気づくことがあるのです。

おいしい料理ができるのは技術ではないと思っています。調理経験が長いからおいしいものが作れるということでもありません。普通の人が作るものに、特別おいしいものもあるのです。高価なお料理よりも、何もしないのにおいしい料理がある。お金の価値では表せないほど、きれいなものがあるのです。

日本には、大自然と人間のあいだに断絶する壁がありません。だから、大昔の縄文の人の心と同じものが残っているのです。大昔も今もこの弧島には、自然と人間は平衡しています。ゆえに古いもの、中くらいのもの、新しいものも一緒にして、今に生かせるのです。

料理することは、生きることです。大昔も今も、料理することで、大自然に直接触れているのだと信じるのです。

*

この本のカバーをデザインして下さったのは、佐藤卓《たく》さんです。卓さんは縄文時代が大好きで、縄文研究の第一人者・小林達雄先生に教えを請《こ》い、みずから企画して国立科学博物館に提案して「縄文人展」という展覧会を開催され、後に『JOMONESE』(縄文人の意)という美しい本を作られました。卓さんは、いつも本質を考える人だと思っています。卓さんのとりなしで、お会いしたかった小林達雄先生を囲んでの食事会。縄文の話にワクワクしました。

この本に載せている「繕《つくろ》わない味噌汁」の写真は、これまで人には見せる勇気もなかった、リアルでプライベートな写真です。繕わない味噌汁の写真には、飾り気も、作為もありません。味見もしないでただ、作ったものです。味噌は自然物ですから、どのように作っても、おいしくなるのです。飛び上がるようなおいしさではありませんが、そのときのそれなりのおいしさになります。それは、おいしい・おいしくないの区別さえない大昔のやり方だと思っています。

たまたま私が鉛筆で書いた「一汁一菜でよいという提案」の文字を、卓さんが目に留めてくれて、さらりと、デザインしてくれました。何もデザインしていないように私には見えるのですが、デザインという概念が生まれる以前のごとく自然です。そういえば、「デザインしないこともデザインです」と田中一光さんは言っておられましたが、至らなければできないことです。いや、この下手くそな書き文字を、表紙にするために、紙のご飯の色、文字の菜の色、帯の味噌の色、それぞれのバランスを綿密に計算し尽くした結果の「深いもの」なのです。ちなみに、帯の味噌色は、卓さんが朝飲んだ味噌汁を写真に撮ったものと聞きました。私の想像を超えた見事なデザインという回答に、感動いたしました。改めてお礼申し上げます。

また、日々、心得た手料理で楽しませてくれる妻と、グラフィック社の大庭久実さんは、チームになって支えてくれました。

最後に。

一生懸命の生活のあいだには、いろいろな日があることでしょう。頑張って、ホッとして、緊張がとけて風邪を引くこともあると思います。身体《からだ》が悲鳴をあげた日の一汁一菜は、お粥《かゆ》と味噌や梅干しです。元気なときよりも、時間を掛けて火を入れ、調理時間の長い料理のほうが、身体にはやさしいのです。

米を二分の一カップほど（お茶碗《ちゃわん》に二杯分のお粥になります）洗って（洗い米でもよいです）、鍋《なべ》に入れて、米の六〜七倍の水を入れ、十分ほどおきます。強めの火にかけて、煮立てば一混ぜしてほぐし、蓋《ふた》を切って（少しずらして被《かぶ》せます）弱火で炊《た》きます。火加減は、弱火で静かに煮立つほど。蓋のすき間から覗《のぞ》いて、火加減を調整してください。元気な人なら二十〜三十分でいいです

が、子どもやお年寄り、体調を崩しているときほど、長くゆっくりと火を入れて下さい。四十〜五十分、一時間以上でも結構です。長く煮たいときほど、はじめの水を多めにして、火を小さくして長く炊いて下さい。赤ちゃんには、水分のなくなったお粥を丸めて、食べさせてあげてもよいでしょう。

この本が、あなたと、子どもたちのためになることを願って。

すべての経験の土台を作ってくれた母父に。

二〇一六年九月　土井善晴

一汁一菜の未来　――文庫化にあたって

『一汁一菜でよいという提案』を上梓《じょうし》した二〇一六年晩秋。まだ、新型コロナウィルスを知らなかったそのころの東京は、美食を楽しめる世界一の都市と言われていました。若い職人、料理人が新世代のオーナーに後押しされ高級食材を使う高級店がふえ、リッチな美食ブームが起こっていたのです。

そういう時代にあって、一汁一菜の提案です。しかも、おいしい料理を紹介する立場の料理研究家が、ともすれば、料理をしなくてもいい、家庭料理は毎日おいしくなくてもいい、なんて言うのですから、世間で、どう受け取られるか、その後の仕事にマイナスの影響はないのかという不安もありました（笑）。「まっ、それでもいいか」って思えたのは、料理研究家としての私は、みんながお料理して幸せになることって、考えていたからです。

しかし発刊後、すぐ読者からＳＮＳ上に反応があったのです。それは私の想像を超えていました。「気持ちが楽になった」「永遠の悩みから解放された」「暮らし方が変わった」「一汁一菜に救われた」「自分は料理することが好きだったことを思い出した」「健康になった」「ダイエットができた」「人生が変わった」という、本当にたくさんの声が聞けたのです。

これは、「役に立つ本」だったのです。中身は読まなくても、タイトルに全部表れているなんて言われたのです。それはおっしゃる通りのことですから「しまった」と思いました（笑）。

介護従事者の方が家を訪ねて食事を作るとき、野菜の副菜、何を作ろうかといつも困っていたそうです。「野菜はなんでもお味噌汁《みそしる》に入れればいい」と教えてもらって、本当に助かりますと、お礼を言われたこともありました。道を歩いても、すれ違ったお若い女性が駆け寄ってきて、「一汁一菜」に救われましたと、お礼を言われることも、度々ありました。長年家庭料理を一生懸命作ってきた超ベテランのお母さんの、「自分がしてきたことを認められたようでうれしかった」という言葉を聞いて私も嬉《うれ》しくなりました。これまで母親が褒められる機会なんて、なかったんです。

世の中には家庭料理という厄介なものに、日々悩み、負担を負った多くの女性がいて、常態化したストレスに苦しんでいる人が、どれほど多かったんだろうと思いました。読書レビューを見てもらったらすぐ分かります。
そんなおり、見事な文章を書かれる美術ライター、尊敬する橋本麻里さんが新聞に、時代を捉《とら》えた、すばらしい書評を書いてくださいました。ここで紹介させていただきます。それは「ネタバレ」そのもの、もうあとは読まなくてもいい、ほどのものですから、ご注意ください（笑）。

愛情の度合いから栄養学の知識、果ては人生の姿勢まで量られてしまう万能の指標としての食事は、特に女性にとって、プレッシャーを感じる存在となってきた。そんな自縄自縛の思い込みをほぐしてくれるのが、本書である。
ごはんと具だくさんのみそ汁だけで十二分に完成する食事を基本に、具材の変化で季節の移り変わりを、付け足されるおかずに驚きや楽しみを発見する。それは「母」や「妻」だけの問題ではなく、つくってもらって食べる／自分でつくって食べる／つくって食べさせるという、人生のどのステージ、老若《ろうにゃく》男女のいかなるステータスにあっても変わることのない、食べること・生きることを満たす必要にして十分な営みだ。

（信濃毎日新聞　二〇一七年七月三十日朝刊）

「一汁一菜」までの料理の概念に、私は自信を持つことができなかったのです。ただおいしいものをつくる。おいしいものが食べたい。簡単にパッとできるおいしいものを教えてください、なんて言われていたのです。

「一汁一菜」から料理（家庭料理）をさらに深く考えるようになっていくのです。

ほんとは家庭料理とまで言わなくても、ただ、料理と言えばいいのですが、今は、料理と言えば、プロが作る料理を示し、漠然とそれぞれ勝手に思い浮かべるようです。プロの料理と区別する意味で、私は家庭料理と言うのです。家庭料理とは無償で日々行われる純粋な料理です。ここでは、以後「料理」とだけ示します。日本の料理は素材を生かします。ですから、和食の最善は何もしないこと、姿、色はそのままに、できれば味もつけたくない、というのがあるのです。東アジアの弧島の豊かな自然に共存し依存する暮らしから生じた土着の自然信仰と、海を隔てた大陸から入ってきた稲作が結んで育《はぐく》まれた食事の形が一汁一菜です。ですから今も料理には、原初の形（概念）がそのまま残っているのです。もっとも、今は、和の心の上には、西洋式の食の思想（文化）が覆《おお》い被《かぶ》さっていますから、見えにくくなっていますが、ちゃんとあるのです。

そのような料理（暮らし）は、日本以外の世界にもあると思います。ただ日本の場合は、それを深化させ、美の思想にまで高めていたのです。物質的にも世界一の多様な工芸文化を持つ国にもなりました。特筆すべきは、柳宗悦《やなぎむねよし》の民藝《みんげい》論という思想です。茶（道）も極めて純粋な料理から生まれているのです。料理は自然とまっすぐに繋《つな》がっているのです。だから、普遍の美をともない、思想が生まれ、芸術になるのです。

料理は哲学です。

その考えを確かめるために、薬学博士、場所論、生命関係学研究者清水博先生、生命誌研究者中村桂子先生、解剖学者養老孟司先生、書家の石川九楊先生、三十年来の畏友《いゆう》建築家の坂茂さん、茶人の千宗屋さん、デザイナーの佐藤卓さん、東大先端科学技術研究センター教授中邑賢龍先生、芸術家の坂口恭平さん、哲学者の國分功一郎先生、政治学者の中島岳志先生、マルクス研究者の齋藤幸平先生、日本民藝館館長でプロダクトデザイナーの深澤直人さん、東京造形大学美学教授山本恵子先生、十文字学園女子大学健康栄養学科教授名倉秀子先生に、疑問を持って近づき、思考の広がりや深まりを求めていたのです。

彼らとの出会いから、料理を土台にすれば、彼らの言葉を理解できるし、意味を考えられることを知り、大きな学びを得たのです。もっとも彼らがこっちに顔をむけ笑顔を見せてくれたから、私は自分の言葉で対話することができたのです。どうしたって料理は地球と繋がっているからです。小さくて身近な人間の労働である料理は、大きな地球と隣り合わせなんですね。日本の文化を象徴する「大和心《やまとごころ》」とは多様な命が共存する世界を認め感じること、そこに対立はありません。「もののあはれ」とは、心に大小の楔《くさび》を打つことですが、知らないことを知ろうとする科学者のふるまいです。そういうことがいっぺんにわかったんです。今、多くの人が「料理には何かある」と思ってくれたのではないかと思います。釈徹宗先生と対談に向かうホテルのエスカレーターで「一汁一菜は念仏だ」と思いついたのです。そう思うと生活そのものが修行だと分かります。

コロナはいつまで続くのだろう。だれにもわからないことですね。でも、終わりがあるとすれば、それは、私たちが、なにかに気づいて、なにかが分かって、私たち自身が変わるときだと思います。

料理はあまりに身近なことで、これまで誰も深く考えてこなかったのです。「料理は学問だ」なんて、学問をしてこなかった私には言えないし、分かりません。でも、料理から考えたことは万事辻褄《つじつま》が合うのです。過去と今と未来。お天道様と地球の自然と人間の営みは、真《ま》っ直《す》ぐ繋がっているのです。

中島岳志先生が、「一汁一菜のコスモロジー」という論文を書いてくださったのです。地球と一汁一菜を基準にした私たちの食生活は循環しています。

一汁一菜を深く考えることで、料理の意味を知り、料理の原点に出会うことができました。

発刊当初、「一汁一菜でよいという提案」で、和食文化と家庭料理を初期化すると考えていました。ところが和食の初期化は、自分自身を初期化することになっていました。料理とは、いつも新しい自分になることです。自然は絶えず変化していますから、レシピ通りにいきません。自然に対して、自分自身も新しくするのです。いつも新しい自分に生まれ変わるのです。それは、昨日の自分に頼らない、レシピに頼らないことなんです。すると初めてのことだから、うまくできることさえわからない。熱湯で青菜を塩茹《しおゆ》でして水に取る、アクが落ちて、鮮やかな緑の顔を見せてくれます。新しい自分は、初めての経験に出会って、「こんなにきれいなんだ」って、なんどでも感動するのです。それから、新しい調理法を、いくつも見つけられたし、同じ料理をしていても、いつも新しいものができるのです。いつも違うものが生まれてくるのです。

私は本当の意味で自由になれたと思います。いや、まだまだ拭《ぬぐ》い去れない固定観念がありますから、もっと自由になれると思っています。

一汁一菜には、愛と希望があるようです。

私たちは豊かな世界に住んでいます。でも、今、みなさんも地球危機、人類滅亡のサインを肌で感じているでしょう。今のまま表面だけを取り繕い、小さな変化で乗り切ろうとするよりも、原点にかえって一度リセットすることで、新しいもの、これまでと違うもの、新しいやり方をいくらでも見つけられるように思うのです。希望はあります。

この場を借りて、大智《だいち》、多くの気づきを与えてくださった方々に、この機会のけじめとして、お礼を申し上げたいと思います。ありがとうございました。心を込めて。

二〇二一年九月　土井善晴

石川九楊先生にいただいた「一汁一菜」の書

解説

養老孟司

土井さんを思い浮かべると端正という言葉がすぐに浮かぶ。立ち居振る舞い、日常のたたずまい、料理の仕方、書く文章など、余分な装飾がなく、キリッとしている。料理一筋数十年、この道一筋の典型のような人である。では料理という狭い世界に閉じこもっているかというと、森羅万象を論じ、感覚を基礎にする和食を媒介にした日本文化への深い造詣《ぞうけい》は他の追従を許さない。

そもそもこの本のタイトルは「一汁一菜でよいという提案」となっている。提案に留めているのである。個人の主張とはいえ、それにしても謙虚な表現になっていて、土井さんの人柄をよく示している。「何年までに温暖化ガス排出ゼロ」みたいな政治家的発言の対極に位置する。こういう穏やかで実質的な主張が、日常を変え、ひいては世界を変えていく。私はそう信ずる。最近出された『くらしのための料理学』（NHK出版）の「おわりに」は「一汁一菜は念仏のようなもの」と題され、感性に基づく著者の姿勢の一貫性が本書にもよく読み取れる。

　じつは私の料理に関する関心は、ほぼ土井さんにしかない。テレビのグルメ番組を見ると腹が立つだけである。私は小学校二年生で敗戦を迎え、戦中戦後の食糧難を完全に経た世代に属する。カボチャとサツマイモはいまでも食べたくない。若い世代の人に「うちのお婆《ばあ》ちゃんもそうです」などとよく言われるが、嬉《うれ》しいような悲しいような、絶妙に奇妙な気分になる。こういう食物嫌いはどういう種類の記憶に属するのだろうか。後年、脳科学をいくらか勉強したけれども、カボチャもサツマイモも食べたくないという思いが、脳のどこにどういう形で何十年も居残る必要があるのか、いまでもわからない。「一汁」は味噌汁《みそしる》のことだが、なにしろあの時代には味噌がなかった。いわゆる調味料、味噌、醤油《しょうゆ》、砂糖などが全滅していた。一汁一菜の前提はご飯の存在だが、私は今でもご飯が主食という感覚がない。三日ほどお米を食べなくても平気で、三日目ごろに、そういえば最近ご飯を食べてないなあと思って、そろそろ食べてみようか、と考える程度である。

　この本はさまざまな意味で「やさしい」本である。文章もやさしい。なにしろ食卓は日常のことだから、理解するのに特別な努力はいらない。高邁《こうまい》な理想も関係ない。素直に毎日を過ごしていけばいいと、土井さんは読者を安心させてくれる。これも

「やさしさ」であろう。「南無阿弥陀仏」を繰り返していれば、いずれ極楽浄土に往生する。最初の「食は日常」の終わりに「暮らしにおいて大切なことは、自分自身の心の置き場、心地よい場所に帰ってくる生活のリズムを作ることだと思います。」と土井さんは言う。これを私は「自足の思想」と呼んでいる。いうなれば「ネコの生き方」である。ネコは家の中で一番居心地のいい場所に行き、そこで寝転んでいる。世間では、自足できない人たちがあれこれ文句を言う。規制を増やす。おかげでどんどん面倒くさい世の中に変わっていく。土井さんは食事は生活の根幹だから、そこでまず自足したらいいでしょう、というのである。とてもやさしく、もっともな言い分ではないか。実行も易しい。

土井さんの思想は秀吉の草履とりの逸話と似たもので、天下取りの思想である。草履とりの秀吉には天下を取ろうというつもりはなかったと思う。土井さんの思想を進めていけば、地球温暖化に苦しむ世界を救う思想になると私は思う。世界の改変を食から始めるというのは、まさしく修身斉家治国平天下で、一汁一菜が修身の第一歩である。

（二〇二一年九月、解剖学者）

題　字　土井善晴
本文写真　土井善晴
新潮社写真部（221頁）

この作品は二〇一六年十月グラフィック社より刊行された。

開高健
吉行淳之介著
対談 美酒について
―人はなぜ酒を語るか―
酒を論ずればバッカスも顔色なしという二人が酒の入り口から出口までを縦横に語りつくした長編対談。芳醇な香り溢れる極上の一巻。

川上弘美著
センセイの鞄
谷崎潤一郎賞受賞
独り暮らしのツキコさんと年の離れたセンセイの、あわあわと、色濃く流れる日々。あらゆる世代の共感を呼んだ川上文学の代表作。

角田光代著
今日もごちそうさまでした
苦手だった野菜が、きのこが、青魚が……こんなに美味しい！ 読むほどに、次のごはんが待ち遠しくなる絶品食べものエッセイ。

柏井壽著
祇園白川 小堀商店
レシピ買います
食通のオーナー・小堀のために、売れっ子芸妓を含む三人の調査員が、京都中からとびきりの料理を集めます。絶品グルメ小説集！

久住昌之著
食い意地クン
カレーライスに野蛮人と化し、一杯のラーメンに完結したドラマを感じる。『孤独のグルメ』原作者が描く半径50メートルのグルメ。

いしいしんじ著
麦ふみクーツェ
坪田譲治文学賞受賞
音楽にとりつかれた祖父と素数にとりつかれた父。少年の人生のでたらめな悲喜劇を貫く圧倒的祝福の音楽、そして麦ふみの音。

西條奈加著

上野池之端 鱗や繁盛記

「鱗や」は料理茶屋とは名ばかりの三流店。名店と呼ばれた昔を取り戻すため、お末の奮闘が始まる。美味絶佳の人情時代小説。

角田光代・島本理生
燃え殻・朝倉かすみ
ラズウェル細木著
越谷オサム・小泉武夫
岸本佐知子・北村薫

もう一杯、飲む？

そこに「酒」があった——もう会えない誰かと、あの日あの場所で。九人の作家が小説・エッセイに紡いだ「お酒のある風景」に乾杯！

重松　清著

カレーライス
—教室で出会った重松清—

いつまでも忘れられない、あの日授業で読んだ物語——。教科書や問題集に掲載された名作九編を収録。言葉と心を育てた作品集。

杉浦日向子著

ごくらくちんみ

とっておきのちんみと酒を入り口に、女と男の機微を描いた超短編集。江戸の達人が現代人に贈る、粋な物語。全編自筆イラスト付き。

高野秀行著

謎のアジア納豆
—そして帰ってきた〈日本納豆〉—

納豆を食べるのは我々だけではなかった！タイ、ミャンマー、ネパール、中国。知的で美味しくて壮大な、納豆をめぐる大冒険！

江戸家魚八著

魚へん漢字講座

鮪・鰈・鮎・鯒——魚へんの漢字、どのくらい読めますか？　名前の由来は？　調理法は？　お任せください。これ1冊でさかな通。

池波正太郎著　江戸の味を食べたくなって

春の浅蜊、秋の松茸、冬の牡蠣……季節折々の食の喜びを綴る「味の歳時記」ほか、江戸の粋を愛した著者の、食と旅をめぐる随筆集。

平松洋子著　焼き餃子と名画座 ―わたしの東京　味歩き―

どじょう鍋、ハイボール、カレー、それと……。あの老舗から町の小さな実力店まで。山の手も下町も笑顔で歩く「読む味散歩」。

藤原緋沙子著　茶筅の旗

京都・宇治。古田織部を後ろ盾とする朝比奈家の養女綸は、豊臣か徳川かの決断を迫られる。誰も書かなかった御茶師を描く歴史長編。

堀江敏幸　角田光代著　私的読食録

小説、エッセイ、日記……作品に登場する様々な「食」を、二人の作家は食べ、味わい、読み尽くす。全ての本好きに贈る極上の散文集。

さくらももこ著　またたび

世界中のいろんなところに行って、いろんな目にあってきたよ！　伝説の面白雑誌『富士山』（全5号）からよりすぐった抱腹珍道中！

宮沢賢治著　注文の多い料理店

生前唯一の童話集『注文の多い料理店』全編を中心に土の香り豊かな童話19編を収録。イーハトヴの住人たちとまとめて出会える一巻。

カポーティ
村上春樹訳
ティファニーで朝食を
気まぐれで可憐なヒロイン、ホリーが再び世界を魅了する。カポーティ永遠の名作がみずみずしい新訳を得て新世紀に踏み出す。

ゴールズワージー
法村里絵訳
林檎の樹
ロンドンの学生アシャーストは、旅行中出会った農場の美少女に心を奪われる。恋の陶酔と青春の残酷さを描くラブストーリーの古典。

T・トウェイツ
村井理子訳
ゼロからトースターを作ってみた結果
トースターくらいなら原材料から自分で作れるんじゃね？　と思いたった著者の、汗と笑いの9ヶ月！（結末は真面目な文明論です）

ルナール
高野優訳
にんじん
赤毛でそばかすだらけの少年「にんじん」を、母親は折りにふれていじめる。だが、彼は負けず生き抜いていく――。少年の成長の物語。

モーパッサン
青柳瑞穂訳
脂肪の塊・テリエ館
〝脂肪の塊〟と渾名される可憐な娼婦のまわりに、ブルジョワどもがめぐらす欲望と策謀の罠――鋭い観察眼で人間の本質を捉えた作品。

プラトーン
森進一訳
饗宴
酒席の仲間たちが愛の神エロースを讃美する即興演説を行い、肉体的愛から、美のイデアの愛を謳う……。プラトーン対話の最高傑作。

奥田英朗著

港町食堂

土佐清水、五島列島、礼文、釜山。作家の行く手には、事件と肴と美女が待ち受けていた。笑い、毒舌、しみじみの寄港エッセイ。

湊かなえ著

豆の上で眠る

幼い頃に失踪した姉が「別人」になって帰ってきた――妹だけが追い続ける違和感の正体とは。足元から頽《くずお》れる衝撃の姉妹ミステリー！

国木田独歩著

牛肉と馬鈴薯・酒中日記

理想と現実との相剋を越えようとした独歩が人生観を披瀝する「牛肉と馬鈴薯」、人間の孤独を究明した「酒中日記」など16短編を収録。

北村薫著

飲めば都

本に酔い、酒に酔う文芸編集者「都」の恋の行方は？　本好き、酒好き女子必読、酔っぱらい体験もリアルな、ワーキングガール小説。

国分拓著

ヤノマミ

大宅壮一ノンフィクション賞受賞

僕たちは深い森の中で、ひたすら耳を澄ました――。アマゾンで、今なお原初の暮らしを営む先住民との150日間もの同居の記録。

小池真理子著

無花果の森

芸術選奨文部科学大臣賞受賞

夫の暴力から逃れ、失踪した新谷泉。追いつめられ、過去を捨て、全てを失って絶望の中に生きる男と女の、愛と再生を描く傑作長編。

白石あづさ著

世界のへんな肉

キリン、ビーバー、トナカイ、アルマジロ……。世界中を旅して食べた動物たち。かわいいイラストと共に綴る、めくるめく肉紀行！

永井荷風著

ふらんす物語

二十世紀初頭のフランスに渡った、若き荷風の西洋体験を綴った小品集。独特な視野から西洋文化の伝統と風土の調和を看破している。

白洲正子著

日本のたくみ

歴史と伝統に培われ、真に美しいものを目指して打ち込む人々。扇、染織、陶器から現代彫刻まで、様々な日本のたくみを紹介する。

千松信也著

ぼくは猟師になった

山をまわり、シカ、イノシシの気配を探る。ワナにかける。捌いて、食う。33歳のワナ猟師が京都の山から見つめた生と自然の記録。

妹尾河童著

河童が覗いたヨーロッパ

あらゆることを興味の対象にして、一年間で歩いた国は22カ国。泊った部屋は115室。旺盛な好奇心で覗いた〝手描き〟のヨーロッパ。

梨木香歩著

春になったら苺を摘みに

「理解はできないが受け容れる」――日常を深く生き抜くことを自分に問い続ける著者が、物語の生れる場所で紡ぐ初めてのエッセイ。

一汁一菜《いちじゅういっさい》でよいという提案《ていあん》

新潮文庫　と－33－1

令和三年十一月一日発行
令和五年五月三十日十六刷

著者　土《ど》井《い》善《よし》晴《はる》
発行者　佐藤隆信
発行所　株式会社 新潮社
郵便番号　一六二―八七一一
東京都新宿区矢来町七一
電話 編集部(〇三)三二六六―五四四〇
読者係(〇三)三二六六―五一一一
https://www.shinchosha.co.jp

組版／新潮社デジタル編集支援室
価格はカバーに表示してあります。
乱丁・落丁本は、ご面倒ですが小社読者係宛ご送付ください。送料小社負担にてお取替えいたします。

印刷・錦明印刷株式会社　製本・錦明印刷株式会社

ISBN978-4-10-103381-5　C0177